Du même auteur
au **cherche midi**

Histoire d'urgences, 2007
Urgences pour l'hôpital, 2008
Histoire d'urgences tome 2, 2010
Urgences, si vous saviez..., 2012
On ne vit qu'une fois, 2014
Toujours là, toujours prêt, 2015

Chez d'autres éditeurs

Urgentiste, Fayard, 2004
J'aime pas la retraite, avec Charb, Hoëbeke, 2008
On ne meurt qu'une fois et c'est pour si longtemps, Robert Laffont, 2013

PATRICK PELLOUX

L'INSTINCT DE VIE

cherche midi

Direction éditoriale : Ariane Molkhou

Photo de couverture : © Pascal Ito

Illustration : © Ernest Pignon-Ernest

Conception graphique : Mickaël Cunha

23, rue du Cherche-Midi
75006 Paris

Vous pouvez consulter notre catalogue
général et l'annonce de nos prochaines
parutions sur notre site :
www.cherche-midi.com

AVANT-PROPOS

Pour faire un livre, il faut beaucoup de temps et de travail sur la matière choisie et sur soi-même. Il a été compliqué, pour moi, de faire naître, de construire et d'écrire cette méthode.

Tout s'est passé comme s'il fallait déblayer un obstacle sur la route. Sur ma route. Quelque chose d'infranchissable et de difficile à enlever. L'idée de cette méthode est venue progressivement, comme s'il fallait commencer à réfléchir sur soi, sur le drame, sur ses raisons, sur le besoin de continuer pour combattre l'effroyable torpeur cérébrale. Celle qui empêche de vivre et de renaître.

Merci de partager avec moi cette analyse, ce travail pour tenter d'aider les victimes de drames, d'attentats, de catastrophes, de violences... toutes celles et tous ceux que nous mettons dans la case des psychotraumatisés.

Comme vous avez acheté ce livre qui est très intime, je me permets de vous parler comme si un ami lisait, comme si nous partagions les mêmes valeurs humanistes, de bienveillance, d'indépendance d'esprit et d'attention aux autres. Des valeurs à contre-courant de l'atmosphère de notre époque qui tend vers la haine, les extrêmes et les incertitudes politiques.

Lorsqu'on effectue des études de médecine, c'est sans doute par peur de sa propre mort. En bon médecin, je croyais pouvoir protéger mes proches et mes amis, mais un attentat a ébranlé ma conscience médicale, ce souci de pouvoir sauver les autres. J'ai choisi et je me suis battu syndicalement pour qu'existe une médecine d'urgence de qualité polyvalente, partout en France et dotée de moyens. Qui aurait pu imaginer qu'elle dût se former à la médecine de guerre et se préparer à résoudre des problématiques de secours lors d'attentats effroyables ?

Ceci n'est pas un ouvrage de thérapie pour les victimes, mais simplement une méthode pour tenter de mettre de la douceur chez celles et ceux qui ont eu à connaître des souffrances après un traumatisme, pour mettre de la douceur dans l'amertume, un peu de clarté dans le noir, du calme dans la tempête.

Ce livre a pour but d'aider ceux que la vie a abîmés. J'en ai vu un si grand nombre en consultation qu'il m'a semblé intéressant de faire partager mon expérience professionnelle de médecin et personnelle.

Je n'y fournis pas une solution. Je ne prétends pas être un homme parfait, mais un homme « ordinaire », comme le chante Robert Charlebois. L'analyse du médecin urgentiste que je suis, travaillant aux côtés de brillants médecins, m'a amené à remettre en doute, presque chaque jour, beaucoup de théories médicales sur le psychotraumatisme et sa prise en charge.

Il s'agit surtout de savoir comment se sortir des idées fixes, sortir des cauchemars, sortir des souvenirs, sortir de la tristesse pour se diriger vers un renouveau, enclencher les machines pour redémarrer et croire encore aux bonheurs de la vie. Comment atteindre la fameuse résilience psychanalytique afin d'aller mieux.

Le plus difficile, lorsque l'horizon n'est plus visible, que les doutes sont partout, est de croire encore. Être médecin ne donne pas un quelconque passe-droit sur le savoir, mais affine une expérience de l'humain, des choses de la vie, procure un éclairage sur les facettes de la nature humaine, de sa complexité. Qui sommes-nous pour émettre un avis sur un être humain, en dehors de l'expérience et de l'application du savoir scientifique, de l'épistémologie, de la philosophie ? C'est là ce qui permet un regard critique pour aider les femmes et les hommes à affronter la vie. Nous ne sommes pas un paquet de gens à soigner, nous sommes des êtres humains. Un médecin ne doit savoir compter que jusqu'à un, l'unicité de son malade, la valeur unique, singulière qui fait qu'aucun malade ne ressemble à un autre… et que tous doivent être aidés. Encore faut-il que la victime en ait l'envie et la possibilité.

Merci de prendre le temps de lire cet ouvrage, en espérant qu'il sera utile, comme une conversation entre amis. Chaque chapitre aborde une partie de la problématique, fournit des explications et propose des solutions.

Je ne parlerai ni de politique, tant cela est désespérant, ni de l'analyse du terrorisme islamiste, ni de géopolitique, de radicalisme religieux, de fascisme islamiste, ce qui ferait l'objet de livres entiers. Je veux parler des victimes : juifs, musulmans, catholiques, laïques, hommes, femmes et enfants, pères et mères, sœurs et frères... toutes celles et ceux qui ont été touchés par les attentats et d'autres causes de psychotraumatismes. Ce livre leur est dédié.

Ce livre n'est pas une fin, mais un point de départ pour tenter d'aider ceux qui ne vont pas bien. Ceux que la vie a abîmés, ceux pour qui la lumière n'est que trop rare dans l'obscurité de leurs tourments.

1

Sauver les vivants

Chaque instant, chaque seconde dure mille ans. Tout à coup, tu sens que ta vie bascule, que tout a changé, que c'est fini. Il n'y a plus de présent. La sidération de l'attentat est un espace hors du temps qui traverse une autre dimension. Les cartes sont rebattues. Tout s'arrête. Tout continue... Injonctions contradictoires.

J'aurais dû être à *Charlie Hebdo* ce 7 janvier 2015. Une réunion pour mieux organiser les secours en France entre les pompiers, les urgences et les Samu avait été organisée. Si j'avais été au journal, j'aurais été abattu, évidemment. J'aurais dû être tué. Mais je n'y étais pas. Je suis arrivé après. Juste après.

Lorsque j'ai été alerté, je suis parti de la réunion avec mes collègues pompiers et du Samu, devenus depuis des frères. J'ai traversé la ligne de feu des terroristes sans savoir s'ils étaient encore dans le bâtiment ou si des complices étaient encore là. Je ne pouvais pas abandonner mes amis sous prétexte qu'il fallait sécuriser les lieux. J'ai pensé : *La police est très lente ! Trop lente !* Elle avait été appelée, il fallait qu'elle arrive vite.

Ils ont marché dans le sang de mes amis. Quand ils sont partis, ils avaient du sang plein leurs semelles. Puis de moins en moins à mesure qu'ils s'éloignaient. Moi, en montant les escaliers, plus j'avançais, plus je voyais du sang. De plus en plus. Partout. La porte du journal s'ouvre, j'entre... C'est fini. À l'instant T, je sais, d'un coup. L'horreur.

Alors tu te dis : *Ce n'est pas vrai ; ce n'est pas possible ; il ne peut pas se passer ça.* Le cerveau recherche des mécanismes de protection. *C'est un cauchemar, c'est une très mauvaise plaisanterie, un film d'horreur.*

Mais malheureusement, ce n'est ni une plaisanterie ni un cauchemar. C'est une tuerie. Des gens, des amis, plus que ça encore. Des gens de paix, des symboles de l'antimilitarisme, du refus des armements, des intellectuels, des gens de culture, une psychanalyste, des êtres merveilleux. Les mots étaient doux avant. Soudain, tous les mots du monde ont été assassinés. La douceur a disparu. Les mots deviennent sanglants. Est-ce qu'il faut fuir ? Est-ce qu'il ne faut pas fuir ?

Il faudrait écrire sur des pages entières le mot « horrible, horrible, horrible »...

Quand je suis entré dans les locaux du journal, j'ai senti physiquement mon cerveau se scinder en deux, cela s'appelle la sidération. Cet état particulier du cerveau qui se met en position de survie pour pouvoir continuer à agir. Intégrer la violence de l'événement, rester dans le présent. Continuer. Des mécanismes qu'on a vus à l'œuvre plus tard, le 13 novembre. « Ça va ? – Oui, ça va. – Mais vous saignez du ventre ! – Oui, mais ce n'est rien. » Probablement des réflexes de notre cortex, très primitifs, très profonds. On se protège.

Alors je suis entré. Ceux qui étaient morts étaient morts. Ils avaient la tête ouverte, ce n'était pas possible. Ils étaient morts. Mais il fallait prodiguer des soins aux blessés et essayer de les protéger. Il fallait que je sauve les vivants.

À ce moment précis, tu agis par instinct, par protection... Tu ressens un puissant instinct de survie. Et puis... ta vie bascule. L'humanité bascule. D'un coup, tu es confronté à cette zone de guerre, de drame. Ils n'ont pas été tués avec de petites armes ou avec des fusils de chasse. Ils ont été tués avec des *armes de guerre* (des kalachnikovs) par des types qui étaient entraînés et qui, on le verra plus tard sur les images, sont dans des positions de tir qu'ils ont apprises. Ils étaient sûrs d'eux. Ils rentrent avec deux kalachnikovs dans une toute petite salle, comme sur les terrasses des cafés et au Bataclan le 13 novembre 2015, et ils tuent et blessent sciemment tout le monde. Il reste quatre blessés graves. Un massacre. Ce sont des armes de guerre. Ce sont des blessures de guerre. Le mot « guerre » t'explose à la figure. Jamais, depuis la Seconde Guerre mondiale, il n'y avait eu autant de civils tués en France.

Pour moi, étant médecin urgentiste, l'instinct, c'était de sauver les autres. C'est ma fonction. Mon job. Faire ce qu'on appelle le tri, le premier tri, identifier ceux qui sont morts. Ceux qui ont des balles dans l'abdomen et le thorax et qui ne respirent plus, on ne peut pas les sauver. Faire le bilan, appeler la régulation du Samu de Paris. Dire : « Il faut faire ça, ça, ça, quatre places dans les salles de réanimation chirurgicale... » Voilà.

Puis cela fait partie de cette dissociation, de cette scission du cerveau. Quand on m'écoute déclencher les secours et appeler le Samu, on m'entend dresser un bilan pour expliquer combien il nous faut de blocs, de structures, et je parle avec une voix de robot. L'automatisme du professionnel de l'urgence a pris le relais. Je sais qu'il me faut alerter de manière à ce que les collègues alertent à leur tour les blocs opératoires pour faire arrêter des chirurgies qui peuvent l'être, ou rappeler les équipes en urgence afin que les collègues aillent le plus vite possible au bloc.

Après ça, il a fallu protéger les survivants en les isolant dans une autre pièce pour qu'ils ne regardent plus. Les éloigner. Et rester. Impuissant devant les cadavres... Terrible culpabilité du médecin impuissant face à la mort de ses amis.

Je regarde, ou plutôt l'urgentiste regarde, et j'agis, avec l'aide du commandant Pr Jean-Pierre Tourtier, médecin-chef de la brigade des sapeurs-pompiers de Paris, et du Dr François Braun, chef du service des urgences de l'hôpital de Metz. Nous étions à cette réunion tout près. Ils étaient à mes côtés et, comme pour les soignants, ce sera très dur pour eux de voir cette scène de guerre. Atroce. Les étudiants en médecine et les collègues qui sont arrivés aussitôt ont fait ce qu'ils pouvaient, du mieux qu'ils pouvaient. Ça a été très dur. Très dur... comme pour chaque attentat.

Au fond, la sidération est une bombe à fragmentation qui pulvérise le temps en différents instants. J'ai à peu près tenu jusqu'à l'annonce aux familles... J'ai tenu à aller jusqu'au « bout du bout » de ce que j'estimais nécessaire. Il a fallu prévenir les plus hautes autorités de l'État qu'il y avait une attaque.

Les urgentistes sont formés à rendre compte aux autorités hiérarchiques. Après avoir alerté la chaîne de soins et au vu des circonstances, il m'est apparu évident qu'il fallait prévenir le chef des armées. Il s'agissait d'un acte de guerre d'une violence inouïe et d'une attaque contre le pays.

Après, j'ai physiquement ressenti l'effondrement de tout ! Et pourquoi de tout ? Parce qu'à ce moment-là je fais corps avec le monde entier et le monde entier vient s'effondrer en moi. Mais en ai-je la force ?

Chaque seconde qui passe t'éloigne du temps où tu étais heureux ! C'est terrible, tu ressens cet éloignement comme un bateau reflue son rivage. Et d'emblée, il faut se protéger. La première chose dont j'ai eu besoin a été de voir des policiers. Je me souviens avoir tenu la main – je ne sais pas pendant combien de temps, peut-être une heure – d'une policière qui était là. J'avais besoin de sécurité. J'avais besoin de voir une policière avec une arme, je lui ai tenu la main, en répétant : « C'est très gentil, merci. »

Avant ce 7 janvier, nous avions ressenti les prémices, les indices, un premier événement majeur. Ça commence toujours par des bruits. Des bruits bizarres. Des bruits qui ne collent pas au quotidien, ces bruits sourds que l'on n'entend qu'à moitié, ces moments où les gens se disent : *Ce n'est rien, ça va passer*. Mais ça ne passe pas. Le premier attentat contre *Charlie Hebdo* a eu lieu le 2 novembre 2011. Première fois qu'un journal était incendié de la sorte à Paris. Soudain, tous les républicains, tout le monde s'est retrouvé dans une adhésion collective derrière le journal. Mais déjà le « oui mais » de la France des pisse-froid et des intégristes religieux rangeait la concorde matinale.

Je me revois à 5 heures du matin avec Charb sur le trottoir, devant les locaux du journal qui avaient pris feu. Nous sommes là, boulevard Davout dans le 20e arrondissement de Paris, où nous venions à peine de nous installer. Les locaux étaient tout juste aménagés. Nous avions commencé à boire des coups. On se marrait. L'équipe était très fusionnelle, jubilatoire, une espèce de famille, avec ses amitiés, ses joies, ses inimitiés et ses colères passagères.

Il y a eu des engueulades entre les uns et les autres, mais nous étions un sacré groupe de bons amis.

Et là, tu reviens, et tout a brûlé... Heureusement que nous n'étions pas là. Puis arrive tout ce qui va avec: la protection, tes potes qui sont gardés par les services spéciaux, une enquête très, très longue, extrêmement bien menée par la police... mais qui n'a rien donné. Rien. Premier signe: ces terroristes islamistes ne sont pas des amateurs et ils sont très bien organisés et structurés.

Mars 2012: exécution de militaires français à Montauban et attaque revendiquée par les islamistes de l'école Ozar-Hatorah à Toulouse. C'est là que, psychologiquement et politiquement, le pays bascule dans une incertitude guerrière sans le voir ni l'admettre. Attentat contre les militaires et attaque antisémite contre des enfants, à quelques jours de l'élection présidentielle.

En novembre 2014, j'accordais une interview au *Quotidien du médecin*, qui me demandait: «Alors, quels sont vos vœux pour l'année qui vient ? » Déjà, à l'époque, il y avait des menaces à l'encontre de notre pays, la Syrie, ça sentait la guerre. J'en parlais souvent avec Charb. Nous étions très remontés pour défendre les Kurdes et la résistance kurde – d'ailleurs Charb disait souvent : « Moi, j'irais bien combattre avec les Kurdes. » Il faisait des vidéos très drôles, avec une fausse barbe, d'un prétendu représentant du djihad totalement psychopathe, complètement fou. Voici ce que j'ai répondu : « J'espère qu'on n'aura pas la guerre en France. » La journaliste m'avouera plus tard qu'elle m'avait pris pour un pessimiste, un cassandre aigri. Elle l'a retranscrit tel quel dans *Le Quotidien du médecin* : « Le vœu de Patrick Pelloux, c'est de ne pas avoir la guerre. » Tout le monde s'est marré. Puis arrive le 7 janvier 2015... Et elle m'a dit, longtemps après : « C'était prémonitoire ! »

Mais la prémonition n'est pas une science, plutôt quelque chose qui relève de l'analyse, peut-être du hasard – surtout du hasard, à moins que certaines personnes ne ressentent le réel davantage que d'autres. Une chose est sûre, la notion de guerre est présente. Ils ont été tués avec des armes de guerre par un califat délirant et des islamistes radicaux. C'est pour cette raison que toutes ces victimes civiles ont un statut effroyable et particulier. On se retrouve face à des psychotraumatismes gravissimes qu'il nous faut déconditionner. On ne savait pas faire. Des personnalités ont travaillé sur la question de la prise en charge (l'excellent médecin général Crocq, un des grands spécialistes, qui a écrit des livres, le Pr Cremniter, qui travaille au Samu de Paris). Mais sur le terrain ? Non ! Gérer de tels flux... c'était du jamais vu.

On entre : les corps sont percés de balles. Les gens sont morts – ils viennent de mourir ! Dans la culture civile, face à des arrêts cardiaques, on essaie de réanimer coûte que coûte. Là, il n'y a rien à faire. L'attaque contre le journal est indissociable de celle de la policière Clarissa Jean-Philippe le 8 janvier et de celle contre l'Hyper Cacher le 9 janvier. Ce sont des blessures par armes de guerre, on en voyait très, très peu (lors de règlements de comptes, de hold-up). Toutes ces attaques ont en commun le drame de confronter le pays à des scènes de guerre qu'il n'a pas connues depuis soixante-dix ans et d'être commises par des terroristes islamistes.

Nous n'étions pas préparés. Nous n'étions pas prêts pour la guerre, au nombre de victimes considérable, à leurs blessures si graves. J'avais l'habitude de dire : « J'ai de la chance, je suis de la première génération de l'après-guerre à ne pas avoir du tout connu la gucrrc. » Quoi qu'il en soit, d'un coup, c'est la fin d'une époque où nous pensions que les guerres n'étaient plus possibles, que la stabilité était acquise et les démocraties éternelles.

D'un coup, il faut s'adapter. Le médecin doit changer sa façon de travailler. Il faut reformer les professionnels. Nous devons agir ; dans les services d'urgences du Samu, dans les hôpitaux, il faut préparer le conflit.

Comme les autres soignants qui sont intervenus sur les lieux des attentats, nous n'étions pas formés pour cela, ni par l'érudition ni par notre quotidien. Nous avions simplement des connaissances bibliographiques et des protocoles. C'était épouvantable, et très difficile pour les soignants comme pour les victimes. Les soignants se sentent démunis. Parce que dans la médecine moderne et civile, à l'heure actuelle, on n'a pas le droit à l'échec. Sécurité maximale. Qui n'existe pas d'ailleurs. Le médecin parfait devrait tout réussir... mais c'est un leurre. Une guérison sans aléas n'existe pas. Voici pourquoi les malades venant aux urgences sont si mal vus par le système de soins hospitalier : nous avons des modèles qui ne pensent pas l'urgence, l'aléatoire, l'inopiné. Tout devrait être programmé et médicalement efficient. Or les attentats sont tout le contraire : c'est la guerre, c'est la terreur, ce n'est que de l'approximation. La superpuissance du médecin s'effondre comme celle du système de santé.

Le président de la République François Hollande, à qui je rends hommage pour tout ce qu'il a fait en France comme à l'étranger, a entrepris des changements nécessaires et urgents. Les pouvoirs publics ont alors formé en six mois des urgentistes, des chirurgiens et des secouristes. Mais aussi des citoyens, grâce aux pompiers et aux associations, par des formations de premiers secours. Une mobilisation sans précédent, comme si les feux de l'alarme s'étaient embrasés.

Dans les mois qui ont suivi les attentats de janvier 2015, tout le monde s'est reformé aux techniques de soins de l'armée. Ainsi les services d'urgences, les Samu, les sapeurs-pompiers, les associations de secourisme, les gendarmes, les policiers ont été formés aux premiers gestes de secours et, notamment, à la pose de garrot. De même, il a été distribué partout une plaquette pour expliquer ce qu'il faut faire en cas d'attaque : se cacher, alerter, se protéger. Ainsi, la France a retrouvé le sens de la défense civile.

Il y a eu des colloques avec les services de santé internationaux pour apprendre le *damage control*, une appellation venue de la Seconde Guerre mondiale et de la médecine de guerre : technique pour éviter qu'un bateau ne coule après avoir été touché par une bombe. Cela signifie en médecine : arrêter une hémorragie, panser les plaies, réchauffer le malade, le réhydrater. Toute la littérature internationale sur les arrêts des hémorragies, les plaies par balles, par armes de guerre a été analysée en moins de six mois.

Pourtant, la structuration du système de santé au moment de ces attentats, et cela fait honneur à l'Assistance publique-Hôpitaux de Paris comme aux hôpitaux militaires, a permis de n'oublier personne : petites blessures, grandes blessures, grands drames, et les blessures qu'on ne voit pas, des gens qui disent « Je vais bien ». Le 7 janvier 2015, nous avons envoyé les quatre blessés graves dans les meilleurs services. Nous les avons aidés grâce à cette chaîne qui va du drame, de l'aigu, jusqu'au centre de rééducation et de réadaptation. L'un d'entre eux, par exemple, était tétraplégique. Il retrouve une vie quasi normale maintenant.

La structure de soins de l'urgence doit progresser considérablement, prendre en compte l'immédiateté de la blessure par balle, organiser la prise en charge physique immédiate par les médecins urgentistes, par la structure du Samu. Puis alerter les blocs opératoires ; savoir emmener vers les blocs opératoires les plus compétents le plus vite possible. Nous n'avons plus le choix, il faut adapter le système de santé à cette nouvelle donne guerrière, être extrêmement réactifs.

Aujourd'hui, après les attentats de 2015 et de 2016, des milliers de personnes sont suivies par des psychiatres et des psychologues pour des traumatismes graves. Je pense aussi aux enfants en bas âge et aux jeunes adultes. Des enfants sidérés par la mort et le contexte effroyable du terrorisme. Ils ne sont pas seulement cisaillés par une cause individuelle, ils sont pris dans l'horreur du terrorisme islamiste.

C'est la première fois que nous sommes confrontés à ça. Toutes ces victimes doivent être prises en charge par la pensée et le système de santé moderne. Jusque-là, les cellules d'urgence médico-psychologique, telles qu'elles existaient, affrontaient le suicide, l'accident, etc. Nous n'avions jamais été confrontés à des psychotraumatismes de guerre. Avec les attentats que nous venons de vivre, nous quittons l'espace de la psychiatrie conventionnelle et civile pour entrer dans une application flagrante de la psychiatrie militaire auprès de victimes ayant vécu une attaque guerrière et vu des scènes effroyables. Ces faits sont comparables à ceux que la psychiatrie militaire connaît bien.

Le paradoxe de mes combats, je l'ai déjà souligné, c'est que le jour de l'attentat du 7 janvier 2015 nous avions une réunion avec l'ensemble des acteurs de l'urgence en France. Le matin du 7 janvier 2015, je disais à Charb que j'arriverais après cette réunion si capitale pour unir et améliorer le travail entre les services d'urgences, les Samu et les pompiers. Cette réunion avait été annulée par le ministère le 20 décembre et j'avais alors refusé de signer un protocole de sortie de grève si elle n'était pas maintenue. Le ministère avait cédé. Que me serait-il arrivé si cette réunion n'avait pas été maintenue ? Nul ne le sait. Au moment où mon ami Jean-Luc, du journal, m'appelait pour me donner l'alerte, les quelques dizaines d'hommes dans la salle se sont levés et nous sommes allés sur les lieux de l'attentat. J'ai sauté sur ma moto avec le commandant médecin-chef Pr Jean-Pierre Tourtier. Nous avons fait tout ce que nous avons pu et de notre mieux pour les sauver. Sauver les vivants !

Le système de santé a un devoir majeur, celui de se préparer : les structures médico-psychologiques doivent progresser de manière à prendre des volumes de victimes psychotraumatisées beaucoup plus importants. Avec les attentats, nous quittons les notions individuelles pour arriver à un véritable problème de santé publique, vu le nombre de personnes touchées. Le système doit s'adapter pour ne pas laisser les gens tout seuls.

J'ai vu des choses que je n'aurais pas dû voir. C'est cela qui fait le traumatisme. Le traumatisme s'installe avec la sidération du cerveau comme une fracture osseuse. Et le temps de l'effondrement total arrive. L'effondrement. C'est là, l'origine, le début d'un long, long chemin. Très long. D'une chute sans jouissance, d'un vertige sans plaisir. Tomber dans l'abîme du mal-être. Avant de remonter, peut-être. Il faut comprendre ce qui s'est passé. Inclure au plus profond de soi que sa vie a changé. Analyser qu'il faudra vivre avec un drame, savoir qu'il est impossible d'oublier et que tout son être, toute sa psyché devra apprendre à vivre avec cette souffrance. Ce livre n'est pas la mise en scène du désespoir, mais une lutte pour l'espoir, car cerner le diagnostic, le comprendre, équivaut à la moitié de la reconstruction. Apprendre à se connaître, c'est réussir à s'accepter et se donner la possibilité d'aller de l'avant, dans le présent et vers le futur. C'est un long travail de redevenir heureux.

2

Traumatisme

«Le phénomène de bouleversement qui se passe à l'intérieur du psychisme lorsqu'un excès d'excitations extérieures attenantes à un événement subit, violent et agressant vient faire effraction au travers des défenses de ce psychisme.» Définition par le Pr Louis Crocq (*16 leçons sur le trauma*, Éditions Odile Jacob, 2012)

Il faut vivre les trois premières heures pour arriver à respirer normalement, puis les trois premiers jours, puis les trois premiers mois.

Pourquoi trois mois? Parce que c'est sans doute la durée qu'il m'a fallu pour réussir à dormir deux heures de suite. Au bout de cette durée, j'ai pu refaire du yoga et courir un peu. Mais ce délai peut varier. Quel que soit le traumatisme, de l'accident au crime, de l'agression à l'abandon brutal ou au deuil, une périodicité s'accole à la reconstruction, comme si la victime se reconstruisait un nouvel avenir, sans oublier, marche après marche, dont chacune constituerait une unité de temps.

Plusieurs théories expliquent le psychotraumatisme. Les premières descriptions ont été effectuées par les militaires. Les premiers à avoir vu des états traumatiques qu'ils avaient dénommés « syndrome du vent du boulet » ont été les médecins et les chirurgiens des armées napoléoniennes. Toujours au XIXe siècle, l'ère industrielle a développé les chemins de fer et engendré de nombreuses catastrophes. Les premières névroses consécutives à ces catastrophes ont été décrites comme des commotions cérébrales par Duchesne (1847) et Putnam (1884). La dénomination médicale est très parlante : *railway brain* (« cerveau du chemin de fer »).

L'atteinte psychologique des traumatismes était bien ancrée dans la médecine de guerre, mais avec des interprétations toujours organiques et somatiques. La Première Guerre mondiale a été l'objet de nombreuses publications et théories. Les médecins et psychiatres anglais, allemands et français partageaient sensiblement les mêmes théories que ceux des armées napoléoniennes. Qualifiant le mal de « vent de l'obus » ou *shell shock*, la théorie voulait que le souffle de l'obus engendre des lésions des vaisseaux cérébraux des tissus nerveux. À cette époque, Charcot puis Babinski poursuivent leurs études sur l'hystérie et ses manifestations. Ils avaient déjà différencié les paralysies somatiques des paralysies d'origine hystérique. La Première Guerre mondiale a été une immense boucherie humaine, des paysages sans végétaux ni animaux, des amoncellements de cadavres et des corps déchiquetés. Les soldats arrivaient aux infirmeries dans des états de catalepsie. Ils étaient des milliers à souffrir de ces symptômes. La question des simulateurs se posa. Les médecins décidèrent alors d'appliquer des traitements très violents (on plaçait par exemple le soldat nu dans une salle surchauffée et on le frottait au gant de crin imbibé d'alcool). Certains sortaient de leur état cataleptique, sans doute pour ne pas souffrir davantage. Les neurologues et psychiatres de l'époque se sont mobilisés pour renvoyer ces soldats qualifiés d'hystériques ou de simulateurs dans les bataillons, après des traitements épouvantables. Le plus effrayant était la méthode de Clovis Vincent, dénommée « traitement faradique » ou « torpillage ». Sur des soldats souffrant d'« hystérie » et afin d'éliminer les maladies simulées, il faisait passer des courants électriques de plus en plus forts. Les soldats hurlaient, certains finissaient par retourner au front pour échapper à ces tortures électriques. Ces études militaires sur l'hystérie étaient déjà à l'époque contestées par Freud et Breuer.

Pendant la Grande Guerre, Freud a réfléchi sur le traumatisme psychique, s'inquiétant lui-même pour ses trois fils. En 1919, il publie une « Introduction à la psychanalyse des névroses de guerre » où il évoque sa théorie « de la libido dans les névroses ». Ces traumatismes frapperaient la libido narcissique, l'amour de soi-même. En 1920, dans son essai *Au-delà du principe de plaisir*, il distingue alors la peur face au danger de l'angoisse qui attend un danger inconnu et de la frayeur qui, pour Freud, aborde des questions sur la réminiscence, la compulsion de répétition, les cauchemars. Ces théories seront reprises par Ferenczi, élève de Freud mobilisé pendant la guerre de 1914-1918. Celui-ci insiste sur les symptômes des soldats traumatisés, sur leur régression infantile, leur impuissance sexuelle qui, pour lui, confirment les blessures narcissiques. En 1924, Pavlov bâtit une théorie après une crue du fleuve proche de son laboratoire. Ses chiens ont failli se noyer. Il observe que ses chiens ont changé de comportement avec des réponses identiques ou des réponses inappropriées quels que soient les stimuli. Pour Pavlov, il s'agit d'une réaction d'urgence à une stimulation d'importance vitale désorganisant tous les conditionnements acquis antérieurement. Il assimile cela à l'installation de la névrose traumatique chez l'homme. En 1932, Ferenczi, dans *Réflexions sur le traumatisme*, analyse les mécanismes au moment du choc comme ceux d'une psychose passagère et décrit la dissociation. Il insiste sur le fait que le traumatisme est vécu comme un effondrement. Selon lui, la conséquence immédiate du traumatisme est l'angoisse. En 1945, un psychanalyste, Otto Fenichel, dans son ouvrage *La Théorie psychanalytique des névroses*, écrit sur la névrose traumatique et ses complications. Il distingue trois cas :

– le sujet sain et reposé qui sera capable de faire face à l'afflux d'excitation du drame ;

– le sujet sain mais épuisé qui ne peut filtrer l'afflux d'excitation de l'agression : il aura alors une névrose traumatique pure ;

– le sujet déjà névrosé et dont toute l'énergie sera accaparée par la tâche de maintenir ses refoulements névrotiques : ce sujet fera une névrose post-traumatique compliquée.

Peu après, Abram Kardiner propose une analyse des traumatismes de guerre en 1947. Selon lui, il ne s'agit pas d'une atteinte de l'ego affectif, comme chez Freud, mais d'une atteinte de « l'ego effectif », qu'il définit comme un mécanisme de défense débutant dès la naissance et reposant sur les capacités cognitives et psychomotrices avec les régulations neuro-végétatives. Ainsi une personne agressée ou traumatisée n'aurait-elle plus d'autre défense que l'ego effectif qui fragmenterait la conscience. Telle est sa conception de la dissociation traumatique.

Pour les psychanalystes lacaniens, le traumatisme serait une rencontre inopinée avec le réel de la mort et une rupture dans le symbolique. Dans la vie de tous les jours, le sujet s'appuie sur le symbolique, soit le langage, la culture ; le sujet traumatisé est confronté à un trou dans le symbolique.

En 1945, le psychiatre et psychanalyste Viktor Frankl raconte son expérience abominable dans les camps de la mort. Dans

Un psychiatre déporté témoigne, il décrypte son « être et ne pas être ». Son livre est un témoignage effroyable du traumatisme dans une lutte contre « l'en-deçà de la réalité ». Pour lui, la survie corporelle imposait de se fondre dans la masse tandis que la survie spirituelle imposait un ultime sursaut de conscience individuelle pour garder le sentiment d'être une personne douée de pensée et de liberté intérieure.

En 1988, Claude Barrois, psychanalyste, définit le trauma comme une « rupture des liens avec le monde, césure de sens, intériorité envahie par l'angoisse de néantisation et bris de l'unité de l'individu. Face à la révélation du réel dépouillé de son masque, le traumatisé est effrayé par l'annonce de la mort de soi comme vérité ultime ». La mort à laquelle il est confronté n'a pas de représentation dans son psychisme car il n'a jamais vu cela.

En 1999, Louis Crocq, dans *Les Traumatismes psychiques de guerre* (Odile Jacob), établit une théorie du traumatisme en trois points : l'aliénation traumatique par le fait que les victimes disent qu'elles ont toutes changé de personnalité et ne se reconnaissent plus. Deuxième point : « le bouleversement de la temporalité. L'écoulement du temps s'est arrêté sur l'instant figé de la terreur ou de l'horreur». Enfin, «le non-sens impliqué par le trauma : une sorte de court-circuit dans le signifiant. Le traumatisme serait une expérience du non-sens».

L'histoire de la médecine est donc importante dans l'analyse des traumatisés. Les guerres ont largement servi cette analyse (même souvent erronée, comme pendant la Grande Guerre). Les études de l'après-Seconde Guerre mondiale, et notamment des victimes revenues des camps de déportation, ont permis d'affiner la compréhension de ces maux. Ainsi, il n'y a pas une explication du traumatisme et du stress post-traumatique, mais des théories qui s'appliquent différemment en des proportions variables à chaque victime. S'ajoute l'analyse des neurosciences qui n'est pas terminée et qui va progresser avec les nouvelles imageries cérébrales. Ce qui est certain, c'est que la psychiatrie et la psychanalyse ne sont pas des sciences exactes et qu'elles évoluent chaque jour. Connaître un peu l'histoire de ces connaissances des psychotraumatismes, c'est constater que nous nous dirigeons vers une médecine humaniste, fondée sur des preuves scientifiques.

3

La sidération

«Réaction immédiate inadaptée qui peut être observée chez quiconque ; elle fait partie, avec l'agitation, la fuite panique et l'activité d'automate, du stress dépassé. La sidération saisit le sujet d'un coup, d'emblée, dans toutes ses facultés.»
Définition par le Pr Louis Crocq
(*16 leçons sur le trauma*, Éditions Odile Jacob, 2012)

Tout a explosé. Durant les premiers temps, on reste dans la sidération. Impensable. Pétrifié, stupéfait. Impossible de bouger, de réagir. L'entourage ne peut pas comprendre, ou pas forcément. Ce n'est pas même de la peur, c'est au-delà. Un besoin de sécurité extrême. Cette phase de sidération diffère selon les gens. Chez moi, je crois qu'elle a duré trois jours. C'est une déréalisation. Ce que je pensais être la réalité n'existait plus. L'avant a été englouti. Ce n'est pas possible ! Ce n'est pas possible que « ça » ait eu lieu ! Ces trois mots deviennent une rengaine : *Ce n'est pas possible... ce n'est pas possible... ce n'est pas possible...* Et plus on les répète, plus on s'aperçoit que le temps est en train de passer, qu'il nous éloigne du « ça », d'une temporalité, d'un espace entré dans l'histoire, qui devient le passé, qui n'existera plus. C'est la sidération.

Le « ça » est cet espace où la vie « normale » d'avant existait. La rupture traumatique, tel un métal qui se brise, provoque un changement brutal de la temporalité et du ressenti. Tous les organes cognitifs sont touchés : l'audition, les yeux avec les pupilles dilatées, la respiration. L'hypersécrétion d'adrénaline engendre la tachycardie, les sueurs, la polyurie, la défécation inopinée... L'être devient viscéralement traumatique jusque dans sa position de survie, de protection. Au niveau cérébral, il en est de même. Le cerveau va tout localiser au niveau de l'amygdale cérébrale.

Par rapport à des morts dites « naturelles », le traumatisme de l'accident, du choc, de l'attentat est encore plus sidérant parce que toutes les bases sont bousculées. Le corps comme l'esprit n'étaient pas préparés à la séparation et au drame.

Après cela, tu arrêtes tout, inéluctablement. Tu ne peux plus aller travailler, ni manger, ni boire, ni dormir ; tu ne peux plus aller faire du sport ou accomplir les actes simples de la vie courante ; tu ne peux plus rien faire.

À ce moment-là, l'entourage doit se montrer prévenant, bienveillant, patient, protéger sans étouffer, anticiper sans éreinter.

Qu'il est difficile d'aider une victime ! Il faudrait être là et ne pas être là. À l'écoute. Sans poser de questions. Attendre que la victime verbalise et parle de son ressenti. Le mieux est de consulter un psychiatre ou un psychologue des cellules d'urgence médico-psychologique (CUMP) des Samu. Les professionnels de l'urgence sont formés à ces situations de crise, de catastrophe, d'attentat. Ils savent mieux que le quidam ce qu'il faut faire. Il s'agit d'un métier, d'une compétence et d'une spécificité de l'urgence. Chaque minute après un drame compte, autant d'un point de vue somatique que psychologique. Ne dites jamais à une victime « ça va passer », « ça va aller mieux », « tu vas oublier », « c'est la vie », « y a plus grave »...

La présence peut sembler simple, mais elle est ce qui convient le mieux. Le soir de l'attaque du Bataclan, nous avons vu des groupes de personnes non blessées physiquement, rassemblées, se serrer les unes contre les autres, comme agglutinées au réel et tentant ainsi de se protéger. C'est bon de sentir quelqu'un à côté de soi.

Il faut, par ailleurs, se laisser pleurer et éviter de calmer sa détresse par des médicaments. Il faut laisser passer la douleur. Cette étape fait partie de la physiopathologie du stress post-traumatique : nous le verrons.

En revanche, s'il n'y a pas de psychiatre, de psychologue ou de pédopsychiatre, il convient d'organiser une prise en charge, au plus tard dans les quarante-huit heures suivant un drame.

L'état d'agitation est une forme de stress post-traumatique complexe. Nous avons vu, le soir des attentats du 13 novembre 2015, des personnes partir en courant. C'est arrivé aussi à des soignants qui donnaient ordres et contre-ordres, ne faisaient pas leur travail, se dispersaient, n'évacuaient pas les blessés ou les évacuaient n'importe comment. Nous avons retrouvé des victimes qui avaient fui en état d'agitation et qui s'étaient enfermées chez elles pendant quelques mois. Il est en effet possible de vivre reclus chez soi pendant un mois en utilisant Internet ou en se faisant aider par des amis. Étonnamment, des mois après le drame, ces personnes étaient restées comme aux premières heures de l'attentat. Comme si elles avaient été figées dans l'instant, pétrifiées dans l'angoisse et la sidération. Elles étaient en stress post-traumatique grave et non soigné. Par la suite, des manifestations psychosomatiques sont apparues : l'un est devenu diabétique, l'autre hypertendu. Leur état était dû à la fois à la fuite panique et à l'agitation.

Nous avons vu dans les cafés attaqués le 13 novembre 2015 des victimes capables de fuir en état de panique et d'agitation, malgré des blessures physiques importantes. Certains ont couru avec des balles dans les jambes, dans le ventre ou le thorax. Des lésions qui empêcheraient quiconque d'effectuer le moindre mouvement.

J'ai connu moi-même un état d'automate le 7 janvier 2015. Les confrères qui ont réécouté les bandes sonores de mes appels au Samu n'ont pas reconnu ma voix. Elle était devenue celle d'un robot ; j'avais agi par réaction automatique, suivant tout ce que mes vingt-cinq années d'exercice m'avaient appris. Puis j'ai laissé le désespoir et la tristesse m'envahir. J'ai été incapable de dire tout ce que j'avais fait et les soins que j'avais prodigués. Ma mémoire était sélective.

Plus tard, les flashs vont s'espacer. Mais au début, des images horribles reviennent sans arrêt dans le réel. Comme si tu revivais les minutes du drame avec les images, le son, les odeurs à chaque instant. Ces flashs sont très invalidants et paralysants, physiquement et mentalement. Les flashs vont s'en aller. Les troubles du sommeil sont longs à se calmer et très compliqués à gérer. Il y a aussi les troubles alimentaires, dans les deux sens : la boulimie, la naissance de l'obésité tout comme l'anorexie.

Puis, très vite, comme un lien pressant pour rester dans le présent et la société, j'ai eu besoin de reprendre le travail. Comme avant. Ma situation singulière me place dans la partie du système de santé qui porte secours, qui empêche la mort autant qu'elle le peut. Cette médecine d'urgence est de toute façon imparfaite, puisqu'il nous est impossible de sauver tout le monde. Je devais retravailler. Être utile.

Ma singularité était, bien évidemment, d'être médecin et chroniqueur à *Charlie Hebdo* et d'y avoir écrit depuis plus de douze ans. Après l'attentat, le lendemain, le jeudi 8 janvier, il y a eu une réunion de l'équipe et tout le monde a été d'accord pour publier le journal. Il deviendra le numéro le plus vendu dans l'histoire de la presse mondiale. Chacune et chacun y a écrit et dessiné avec un courage exemplaire pour le finaliser. Le travail m'a montré toute son importance. Il faut se reconstruire psychologiquement, mais également d'un point de vue social.

Après une pause de plusieurs semaines, j'ai repris le chemin de l'écriture, mais ce fut difficile, surtout pour la concentration. De plus, chaque semaine, travailler comme avant, mais sans les amis disparus devenait compliqué.

J'ai continué à écrire dans le journal parce que c'était une manière de continuer à faire du souvenir avec ceux qui étaient morts. Pour moi, ils étaient encore là. Évidemment, il y a un moment où l'on se dit que l'on ne peut pas persister à travailler en étant figé dans les souvenirs.

La vie n'est plus la même. Quelque chose est mort. Je suis déjà mort. C'est fini. Fini. C'est ce que ressentent les gens qui ont été victimes de toutes sortes de catastrophes, de drames, d'attentats... Quelque chose est mort. Cette période-là dure à peu près trois mois, durant lesquels cette question ne cesse : « Pourquoi et comment ? »

Et c'est là que l'immédiateté de la société devient insoutenable, l'immédiateté de ce monde qui veut que tout soit parfait. D'un coup : *Allez, c'est bon, ça y est, tout va bien...* Mais c'est impossible ! Il faut du temps. Et beaucoup. Du temps de qualité. C'est-à-dire du temps où le cerveau se repose, où les démons ne sont plus là, où les flashs de ces corps meurtris n'apparaissent plus, où les corps morts ne se glissent plus sous la porte de la chambre. Le temps souverain est une forme de quiétude, de repos profond qui allège le poids du stress. Ce sont d'abord de petits instants que, pour ma part, seuls le yoga et les conversations avec les psychiatres et des amis m'ont permis d'atteindre.

Cette période de stress post-traumatique, dans sa phase aiguë et critique, signe la fin du sommeil. Impossible de dormir. Tu ne peux plus dormir.

Ces troubles du sommeil qui surviennent sont épouvantables. La peur de dormir arrive. La dramatique peur de dormir. Fermer les yeux, c'est les voir, c'est voir la mort. Les images sont là, devant toi. Le corps est tellement fatigué qu'il s'assoupit un peu. Dix minutes, peut-être, de sommeil et des cauchemars effroyables reviennent. Des têtes qui roulent, des corps ensanglantés ; tu essaies de remettre les têtes, de reconstruire les corps et tu n'y arrives pas. Plus d'une fois j'ai tenté de remettre le cerveau de Charb dans sa tête, de réveiller Cabu, de masser Wolinski, de chercher les blessures d'Honoré et de Bernard Maris. Un véritable film d'horreur. Les victimes des attentats font toutes des cauchemars, ont toutes des flashs ; tu vis sans arrêt avec ces images épouvantables. L'épouvantable devient le quotidien.

Il faut imaginer les gens au Bataclan qui sont restés avec les cadavres sur eux, des heures tellement longues que l'immensité de l'éternité même n'est plus abstraite… On ne sort pas de ces cauchemars-là. Ils sont épouvantables. Puis cette peur de dormir, comme une force souterraine qui m'empêchait de récupérer. Un sommeil de saturation et de fatigue m'assoupissait un peu. Et le réveil brutal et angoissant.

Cette peur raconte l'appréhension des cauchemars. Les troubles du sommeil sont un véritable handicap. Et la fatigue physique s'ajoute à la fatigue psychique de jour en jour.

Tu dors dix minutes, un quart d'heure, une heure au grand maximum. Tu te réveilles et tu es épuisé physiquement, donc tu commences à boire du café, à boire de l'alcool, à découvrir que le whisky redynamise. Tu commences à boire beaucoup de whisky. Tu ne bouges plus, tu ne fais plus de sport, tu commences à grossir – tandis que certains arrêtent de manger. Tu n'as aucun repos. Tu ne penses qu'à ça. Et tu crois que les médicaments vont tout faire... mais la spirale de la décrépitude s'accélère et t'angoisse encore plus.

Et de nouveau les flashs, ces images en permanence. Comme si on y était. Soudain, on quitte le présent. C'est épuisant. Tout le temps, tout le temps. Cette espèce de redondance : fermer les yeux, voir les cadavres, entendre les bruits, le moindre claquement de porte, le moindre objet qui tombe sur la table, une odeur, des films, des fictions irregardables... Tout le temps. Et ça dure trois, quatre mois. Parce que la plaie cérébrale est béante. Parce que les blessures physiques ne sont pas guéries. Comme une plaie hémorragique qui saignerait toujours, toujours, toujours. Les autres ne le comprennent pas forcément, mais ce n'est pas volontaire : ils veulent que ça aille mieux et ignorent pour quelle raison ça ne progresse pas.

Ce stress dure plus longtemps qu'il n'est écrit dans les articles scientifiques. Il dure des mois. Certes, quelques personnes vont plus vite, mais cela fait deux ans que les flashs me reviennent, par moments. Il suffit d'un petit détail. Qui les réactive. Clac !

4

Victime et sujet

Le drame accuse la vie. Nous sommes anéantis, dévastés par l'horreur, enragés de colère. Le drame bouleverse une personnalité en profondeur, il vient ajouter une identité, des identités aux identités premières, à celui ou celle que l'on était avant. Il ne substitue pas une identité à une autre mais en ajoute une.

Il existe un *avant*. *L'avant*, il faut comprendre ce que cela représente pour les victimes de catastrophes, d'agressions, d'attentats, d'accidents. La tragédie est tout ce que l'on n'attend pas dans le déroulement d'une vie. Ce que l'on attend dans la vie humaine est finalement très simple à dire : être heureux, faire au mieux. Mais le réaliser est très compliqué. Quelqu'un est malade, il va mourir ; il arrive à la fin de sa vie dans la maladie et, d'une certaine façon, même inconsciemment, on l'admet et l'on se prépare au deuil qui viendra un jour. C'est ce qu'on attend. Ce n'est jamais simple et plus d'un psychanalyste, philosophe ou écrivain ont écrit sur la mort. La catastrophe, l'attentat, l'ac cident, le suicide, le choc est ce qu'on n'attend pas. Ce qui surgit. Ce qui fracture. Ce qui crée *l'avant*. Ce psychotraumatisme devient alors une borne de commencement.

L'émergence, la fabrication d'un *avant* par un drame fait d'un coup jaillir la question du bonheur. Où est-il ? Où était-il ? Souvent, nous ne savons pas que nous sommes heureux. Le problème avec le bonheur, c'est ça. On ne sait pas. S'il est là, si vous le sentez, il semble être tellement humble qu'il se cache. Les philosophes parlent beaucoup du bonheur, c'est formidable, très bien, mais ils sont incapables de nous dire quand il est là, comme François Morel le dit dans un de ses textes. On pense ne pas être heureux. Puis survient un événement dramatique. On réalise que l'on était en fait heureux, on ne le savait simplement pas. Et là monte une forme de culpabilité. Comme tout a changé, on se dit : *Merde, je ne voyais pas que j'étais heureux. Le bonheur était avant. Bien sûr, j'avais des problèmes, j'avais des soucis, le travail, l'amour, la vie. J'étais embêté...* Mais ce n'était rien par rapport à ce qu'il s'est passé, au drame qui a eu lieu, que l'on n'oubliera jamais. Une peine amoureuse, ça passe. Il y a des phases, du dépit amoureux, et puis on récupère. Un accident matériel, c'est triste, la vaisselle cassée, la panne de voiture... toutes les petites choses de la vie. Le cerveau a l'habitude de réaliser une hiérarchie et d'oublier facilement. Il s'apparente à une immense usine de recyclage et de destruction des faits.

Et puis il y a l'après. Ou plutôt l'avec. Par exemple, depuis les attentats, je reste vigilant, je fais attention dans la rue, je visualise les sorties de secours, je suis attentif lorsque des individus patibulaires ou des voitures aux vitres teintées passent près de moi. Mon cerveau a intégré un degré de vigilance et de sécurité maximal. On parle souvent de résilience et on comprend ce que cela veut dire. Mais je pense que ce mot est mal choisi. La résilience, tout le monde le comprend : c'est une extrapolation des sciences physiques, le retour d'un métal à un état normal après une déformation. Ce sont les ailes des avions qui se courbent quand l'avion est en l'air ; quand l'avion atterrit, elles sont toutes droites. C'est un objet qui va se déformer et revenir à son état premier. Formidable pour les atomes. Mais après un stress post-traumatique, une victime ne revient pas à son état premier. Jamais. Pas de retour à *l'avant*. Nous allons justement devoir apprendre à faire « avec ». Toutes les victimes, tous les jours du reste de leur vie, penseront d'une manière ou d'une autre à leur drame. Ce mot « résilience » a été déformé... mais tous les psychiatres l'affirment – et ils ont raison –, il n'y a aucun oubli possible. Certains vous disent : « Tu vas oublier, ça va aller mieux »... Jamais ! Et il faut vivre avec. Ce qui a été perdu est perdu... Les amis sont définitivement perdus... Et l'on n'oubliera pas.

Puis quelque chose change... sans que l'on s'en rende vraiment compte tout de suite. On se met à pardonner beaucoup, ce qui est un tort sans doute. D'un coup, on banalise. Aujourd'hui, j'ai pris l'habitude de dire : « Tant qu'il n'y a pas de kalachnikov, il n'y a pas de problème ! » Mais j'ai conscience que cette banalisation est excessive. Alors je redeviens très scrupuleux sur la politesse, sur les codes de conduite, sur le savoir-vivre ensemble, la bienveillance à l'égard des autres. Il y a comme une rééducation à la vie, et il faut s'y mettre avec courage et persévérance.

Ne pas revenir à son état premier, ça veut aussi dire accepter une identité nouvelle. On n'est plus le même qu'avant. Moi, je suis une victime. Je suis une victime d'un attentat. Il faut accepter d'être une victime... Les gens qui ont été victimes d'attentat sont des personnes très fragiles, je suis devenu fragile. Il faut faire très attention aux victimes. Les victimes ne sont pas assez protégées. Certaines personnes, par exemple, doivent être aidées au travail, d'autres dans leurs études... Ce n'est pas un passe-droit. Nous voulons être considérés comme tout le monde, mais nous avons des curseurs de sensibilité trop élevés pour être compris de tout le monde. Nous n'avons plus de résistance. Il faut nous protéger et prendre en considération nos handicaps physiques, psychologiques ou sociaux. La société, l'État oublient le drame un peu trop facilement. Le but, pour nous, est de réussir à progresser. Qu'est-ce que cela veut dire ? Cela veut dire pouvoir continuer à vivre avec les handicaps et se réadapter à l'environnement.

Les circonstances du deuil conditionnent énormément ton profil. La mort attendue, naturelle de quelqu'un dont on est proche entraîne des phénomènes de deuil avec les phases de déni, de colère, de négociation, de dépression et d'acceptation. Il en est ainsi des deuils que tout le monde connaît, les deuils d'un père, d'une mère, d'un frère, d'une sœur, d'un être aimé. Avec les attentats, nous sommes confrontés à un phénomène différent. Cette situation de guerre sournoise vise les civils et notre modèle culturel. Le deuil va se réaliser avec, en plus, un phénomène sociétal, historique et collectif dû aux circonstances.

Les survivants doivent comprendre ce jeu de l'acte terroriste qui consiste à faire du mal au-delà des victimes et à ébranler le pays. C'est lié. Nous sommes victimes, avec une double *peine*, une double tristesse, la tristesse de la mort et la tristesse de la situation de guerre. Chaque victime survivante va passer sa vie à se demander : « Pourquoi et comment ? » C'est d'ailleurs une question totalement vaine. Parmi les victimes, certaines vont s'éloigner des informations des médias et d'autres vont s'identifier à cela. Énorme fracture.

Il y a, parmi les vivants, ceux qui vont vouloir exister à travers la mort de ceux qui sont morts ; et ceux qui vont faire leur deuil autrement. Ni les uns ni les autres ne sont critiquables. Si cela fait du bien à certains d'essayer d'exister en liant totalement leur identité à ceux qui ont été assassinés dans des conditions épouvantables, il n'y a rien à redire, mais la reconstruction sera moins apaisante.

Ceux dont l'enfant a été assassiné, notamment le 13 novembre, que font-ils ? Comment le font-ils ? Chez certains, la maison devient un véritable musée de la personne qui est décédée. Si cela leur permet de tenir, on peut très bien concevoir que quelqu'un, finalement, n'envisage plus sa vie que dans l'offrande, dans le rituel de la personne disparue, et avec le temps cela évoluera vers autre chose.

Mais en réalité les victimes ne devraient pas afficher un étendard de victime. Certains vont construire une identité ou une notoriété *parce que* leur enfant est mort, et je ne pense pas que ce soit une bonne méthode pour se reconstruire.

Il ne faut pas que le statut de victime devienne une identité à part entière, une identité complète. Il faut l'accepter, mais ça ne doit pas devenir une identité unique. Le cas d'une personne qui finit par n'exister qu'à travers l'attentat, ou qui est devenue un super-héros par l'attentat, qui ne veut vivre qu'avec l'attentat, serait épouvantable. Cela la neutraliserait, la paralyserait longtemps. La bienveillance doit être mise en avant. Il y a suffisamment de travail sur soi-même à faire pour ne pas devenir une victime à temps plein.

Françoise Rudetzki, femme exceptionnelle et ancienne présidente de SOS Attentats, a fait de son identité de victime de l'attentat du Grand Véfour à Paris en 1983 un étendard et un brillant combat social. C'est devenu sa vie, son choix, mais cela reste quelque chose d'extrêmement douloureux pour elle. Son action a fait changer les lois et les regards de la société. Grâce à son courage, la France est sans doute le pays qui prend le mieux en charge les victimes d'attentats. Mais on ne peut pas dire à toutes les personnes qui ont été victimes : « Devenez porte-étendard. » Bien qu'il y ait encore beaucoup de combats à mener.

Il peut y avoir un intérêt à se rendre dans une association de victimes. Les groupes de parole sont utiles. S'il est bénéfique de se retrouver ensemble, d'avoir le même objet de réflexion, de discussion, pourquoi pas ? Rien n'est à exclure. Mais il faut que la vie continue. Il ne faut pas rester enfermé dans le drame ou replié sur soi-même, même au travers d'une association de victimes.

Cependant, l'identité victimaire reste une étape, une réalité, au nom de laquelle il faut obtenir des indemnisations. Pour ceux qui sont morts, il y a des enfants à élever, des jeunes à aider afin qu'ils puissent terminer leurs études... Certaines personnes doivent faire face à d'énormes soucis financiers. D'où l'importance des indemnisations des victimes du terrorisme que l'État a mises en place. Au passage, il faut signaler qu'on ne devient pas riche après un attentat. On peut calmer des blessures, mais on ne peut pas devenir riche, même si la situation matérielle s'améliore. Il n'y a aucune richesse après un drame, seul ce qui a été perdu compte, blesse et perdure.

Mon évolution, mon identité après l'attentat, s'est aussi construite sur une singularité, celle de mon exercice de la médecine en tant qu'urgentiste. Je travaille dans la structure qui prend en charge les drames, les catastrophes, le Samu de Paris, l'un des services les plus compliqués de la médecine. Mon traumatisme de « médecin malade » est très difficile à soigner. Difficile de passer de l'autre côté du miroir, d'avoir passé sa vie à soigner des cas graves et d'être touché au cœur et à l'âme... On côtoie des gens, on en sauve, et soudain tout bascule, on est de l'autre côté. J'en tire de nombreuses leçons médicales et psychologiques.

Mais aujourd'hui, je continue à soigner des cas graves. Il s'agit de quelque chose de très mystérieux, de difficilement analysable. Lorsque l'attentat du 13 novembre est survenu, je ne suis pas allé sur le terrain. Je suis resté à la régulation, c'est-à-dire à la direction des secours, avec d'autres médecins. Un travail moins visible que celui du terrain mais ô combien stratégique et tactique. L'humanité a basculé sans doute avec l'écriture, avec l'invention de la domestication du feu et du téléphone ! Entre les deux, une grande période de froid physique et psychologique... c'est un trait d'humour. Les centres de régulation en matière de sécurité deviennent un élément essentiel. Il s'agit d'un travail de l'invisible : du téléphone, un travail avec la voix, un travail de l'inopiné, mais un travail véritablement moderne et contemporain de l'évolution de la civilisation. L'alerte est désormais le téléphone.

Le soir du 13 novembre 2015, je me souviens des appels des victimes, de leurs voix terrorisées, profondes et à l'écoute. Avec les permanenciers du Samu, nous leur donnions des conseils pour rester cachées, pour garder les garrots, pour réchauffer les victimes. Le pire, c'était les appels pendant lesquels on entendait les tirs des terroristes. Les régulateurs, les permanenciers du Samu ou les sapeurs-pompiers derrière leurs téléphones peuvent se sentir démunis. Pourtant, ce sont eux qui ont envoyé les secours, dirigé les opérations. Dans la chaîne moderne des secours, le téléphone et les nouvelles technologies sont essentiels.

Je suis une victime. Mais je suis aussi un guerrier à mon niveau. Je suis devenu un guerrier dans un monde en larmes. D'abord, parce qu'il y a eu les attentats de janvier 2015 et qu'il faut vivre tous les jours avec le souvenir et avec les faits. Tous les jours, tu penses à ceux qui sont morts, tu te dis : *Mais alors, et si on avait fait ça, peut-être qu'on en aurait sauvé un*. Non, parce qu'ils étaient déjà morts. Cela compte à titre personnel. Et si nous avions mieux pénétré le Bataclan, peut-être que... mais avec des « si », la vérité n'existe plus.

Je suis aussi devenu un guerrier professionnellement, parce que d'une part on risque d'être confronté à de nouveaux attentats, et d'autre part l'idée de préparer les services à une nouvelle attaque est devenue primordiale. L'attente du prochain attentat à Paris... il faudra être prêt. De l'engagement et de la résistance. Trop de professionnels croient que c'est terminé.

Certains nous reprochent le retard supposé lors de l'intervention au Bataclan, mais elle était interdite par la police, par sécurité. L'expérience prouve que d'autres techniques sont possibles afin d'intervenir plus promptement.

Il reste partout des progrès à faire, notamment dans la rapidité d'évacuation, pour aller au plus vite au bloc opératoire, pour sauver les victimes de plaies par balles ou d'effets soufflants des explosions. J'ai la certitude que nous devons aller beaucoup plus vite lors de tueries comme celle du Bataclan. Les médecins de la police sont là pour sécuriser les colonnes de police ; le travail de la police, en plus de neutraliser les terroristes, est de permettre l'intervention des secours. Les périmètres de sécurité qui figurent actuellement dans les plans sont impossibles à mettre en œuvre.

Lors d'un attentat, un périmètre doit, en théorie, être défini par la police pour autoriser les secours. Dans la réalité, il n'y a pas un commandant de police mais plusieurs et la mise en place de ce périmètre est longue. Trop longue pour les secours qui arrivent en quelques minutes. De plus, la ligne de front avec les terroristes est très variable alors que ce périmètre de sécurité ne varie pas. Il est donc inadapté, sauf lorsque l'attaque est figée ou terminée. Par ailleurs, le risque vient des attentats des années 1980 au Liban. Une voiture sautait... puis une autre quelques minutes après pour frapper les secours. Mais cette stratégie du déminage par la police, pour éviter le surattentat, est longue et retarde beaucoup les secours. Intervenir sur un attentat est un risque professionnel énorme et les stratégies modernes doivent évoluer afin de secourir au plus vite le maximum de victimes.

Aurait-on sauvé des victimes ? Nul ne le sait et, avec des « si », on se berce d'illusions forcément désespérantes, car la réalité ne change pas. En revanche, il est possible de changer le présent et le futur. La police doit sécuriser les colonnes de secours comme dans les protocoles d'intervention d'autres pays. Les secours doivent intervenir le plus vite possible et ne pas rester sur les lieux ; pour cela, la police doit organiser la protection des pompiers, des équipes du Samu et des secours.

Le risque du surattentat est certes présent, mais déminer ces zones est autant d'heures perdues à sauver des vies. Il est donc urgent d'adapter le système de secours aux attentats contemporains.

La modernisation des systèmes repose sur la coopération et la confiance, pas dans la concurrence des services.

Le dogme selon lequel il faudrait attendre que soit sécurisé le périmètre avec des zones verte, orange et rouge est totalement impossible à mettre en place. J'insiste, chaque instant qui passe nous empêche de sauver des vies. Nous devons privilégier les colonnes d'extraction qui viennent récupérer très vite les victimes avec des tenues de protection, protégées par des policiers dédiés aux secours. Le but est d'aller le plus vite possible aux blocs opératoires afin de réaliser les gestes chirurgicaux qui stoppent les hémorragies. Les pompiers de Paris ont mis en place les colonnes d'extraction, mais le travail commun avec la police est trop lent et inadapté. Il faut qu'il y ait une coopération immédiate entre les secours et la police. Par ailleurs, les services d'urgences devraient tous avoir un protocole et des exercices « attentats » afin de s'engager totalement dans le secours.

Les victimes vont directement aux urgences, nous l'avons vu en 1995 lors de l'attentat du

RER Saint-Michel à Paris. Nous l'avons vu le 13 novembre 2015, où les gens sont allés fort judicieusement aux urgences de Saint-Louis et de Saint-Antoine. La gestion d'un attentat n'est pas réservée aux seuls services préhospitaliers, Samu et pompiers, mais elle engage à toute la chaîne, du lieu de l'attentat aux blocs opératoires, aux plateaux techniques de l'hôpital et à l'ensemble des personnels.

Je ne suis pas meilleur qu'avant. Je ne suis pas un homme parfait ni un médecin ignorant l'erreur. J'accepte juste la réalité et cette situation de risque d'attentat islamiste qui pèse sur nous tous. Ne cédons ni à la peur ni à la haine.

Une victime ne peut pas être un objet mais doit devenir un sujet qui adviendra autrement. C'est à coup sûr en ayant un nouveau déterminisme, de nouveaux identifiants – pas forcément différents de ceux d'avant – que le sujet nouveau va apparaître progressivement. L'objet perdu, absorbé et quelque part assumé, va faire partie du sujet nouveau qui va alors acquérir sa nouvelle identité.

Pour ma part, cette nouveauté a été à la fois le déchirement d'arrêter d'écrire pour le journal et de commencer à reprendre du plaisir avec des amis comme je le faisais avec ceux qui ont été assassinés. Plus encore d'admettre que mon métier d'urgentiste avait évolué de lui-même par les circonstances des attentats et que j'évoluais avec lui, dans ce parcours si singulier de victime, de guerrier, de sujet et d'acteur.

5

Le syndrome du survivant

« Ils ont armé, ils m'ont visé mais le fusil s'est enrayé. Pourquoi s'est-il enrayé ? » Beaucoup de survivants racontent ce fait. D'autres disent : « J'aurais dû être tué. »

Une autre a été visée et le terroriste lui a dit : « Je ne te tue pas mais tu liras le Coran », commettant ainsi un acte de perversion et de sadisme, en essayant d'essaimer son fascisme. Ça n'a pas marché. Elle ne lira jamais le Coran.

Chez un survivant, une notion veut souterrainement toujours émerger : celle de la culpabilité. Elle est là, qui travaille en permanence, qui sape, cogne et pourrit la psyché, le mental de la victime. Le deuil normal, après le décès par une maladie ou par le vieillissement, est un fait auquel on peut s'attendre. Le deuil de l'accident, de la pathologie environnementale, accidentelle, est une chose à laquelle nous sommes tous, finalement, plus ou moins habitués. D'où cette inquiétude transmise à ses enfants ou à ses proches lorsqu'ils partent avec les recommandations d'usage : « Fais attention ! » Nous avons tous eu un ami, un parent mort d'accident. Le drame de l'attentat, lui, surpasse le réel. On ne dit pas : « Tu sors ? Fais attention à l'attentat ! »

Cette culpabilité des survivants est encore plus prégnante. Il s'agit du syndrome du survivant. Dans beaucoup de cas, notamment après les attentats du 13 novembre, j'ai entendu des gens qui souffraient de ce syndrome, notamment ceux qui avaient invité des victimes dans un café ou au Bataclan.

La joie d'être vivant et la culpabilité d'être vivant agissent comme des injonctions paradoxales. Des injonctions sentimentales paradoxales qui font partie du deuil. Cette culpabilité se cache parfois derrière de petites choses, des événements parfaitement anodins qui font dire aux gens : « C'est affreux, ce qui m'est arrivé. Comment est-ce possible ? J'aurais dû être tué. » Ou encore : « Je ne devrais pas être là. » Ne serait-ce que dans cette phrase, il y a une forme de culpabilité ; non pas de remords, mais de culpabilité par rapport à ceux qui ont été assassinés. Beaucoup culpabilisent. Et ils ne le doivent pas. Des personnes qui ont accompagné des parents au café, en promenade, qui ne devaient pas sortir et qui sont sortis. D'autres qui devaient aller au spectacle et n'y sont pas allés. Moi, je devais être au journal, et puis, au dernier moment, je n'y suis pas allé.

Cette culpabilité est omniprésente. Mais de cela on s'affranchit avec le temps qui casse ce syndrome et vient le verbaliser. Une foule de petits facteurs fait que l'on s'éloigne du psychotraumatisme.

La notion de culpabilité est complexe d'un point de vue psychiatrique et ses manifestations psychosomatiques bien visibles, avec les troubles alimentaires ou les conduites addictives. Rien ne calme cette culpabilité, ni l'alcool, ni le cannabis, ni la cocaïne, ni les amphétamines. C'est un leurre. Je suis un peu tombé dans l'alcool pendant un trimestre après les attentats. Une chose est certaine : l'illusion de l'ivresse passée, tout s'aggrave, les troubles du sommeil, les cauchemars, les angoisses, les flashs, les peurs et la culpabilité.

Il y a ceux qui se sont reconstruits par l'amour. L'amour, l'amitié, les amis proches, tout cela prend une place énorme et c'est absolument essentiel. C'est un des éléments qui permet de rebâtir. Contrairement à ceux qui pensent que des indemnités ou de l'argent pourraient aider à reconstruire... non, ça c'est du matériel, ce n'est pas ça qui va reconstruire. Ce qui aide à se reconstruire, c'est la bienveillance et l'amour.

Une femme a perdu son conjoint lors de l'attentat du 13 novembre 2015 dans un des cafés. Elle a eu un syndrome de culpabilité car elle n'était pas allée dîner avec lui. Il a fallu de longs mois pour l'aider à comprendre son syndrome de culpabilité. Puis elle a progressivement retrouvé une relation avec l'un de ses amis. Mais elle culpabilisait aussi à l'idée de retrouver des sentiments amoureux. L'aide psychologique lui a permis de comprendre qu'elle n'était pas coupable, ne trahissait rien, que sa vie continuait tout en gardant les souvenirs heureux de sa précédente relation amoureuse. Mais cela demande beaucoup de temps ; les autres doivent, quelque part, accepter ce transfert de la personne traumatisée et l'accompagner.

En réalité, le terme de culpabilité est mal choisi. Dans mon cas, personne n'est coupable. Faudrait-il retomber sur ceux qui avaient effectué les premières caricatures du prophète Mahomet, qui les avaient publiées, et les désigner comme responsables des attentats ? Il ne faut pas confondre. Les Danois ont fait leur travail de caricaturistes. Les dessinateurs, comme tout artiste, comme tout citoyen, sont redevables devant la justice et l'exercice du droit... mais pas devant les religions ou je ne sais quel intégrisme fasciste. Les survivants ne sont pas responsables. Ils peuvent avoir des regrets, mais ne doivent pas se sentir coupables. Sinon cela voudrait dire qu'ils ont un rôle à jouer dans la fabrication de leurs bourreaux.

En matière d'attentat, la culpabilité de l'État n'est pas constituable, sauf à connaître des fautes grossières en termes de sécurité. Mais des commissions parlementaires aux instructions judiciaires et jusqu'aux enquêtes de bons journalistes : rien ne rend responsable l'État. Je crois notamment que le chef de l'État a eu raison de maintenir l'état d'urgence, de renforcer les lois et de neutraliser des terroristes sur les champs de guerre, car tout ceci a protégé notre pays, notre Nation. Belle Nation qui n'a pas vacillé vers le racisme et les exactions contre tel ou tel groupe religieux ou social. La responsabilité et la culpabilité sont à trouver dans l'Histoire, et il appartient aux historiens de les trouver et de nous donner les clés de compréhension. Nous devons corriger la phrase d'André Malraux : « Le XXIe siècle sera religieux ou ne sera pas. » Pour l'instant, il sent la guerre et ressemble au récit *Amok* de Stefan Zweig.

La vérité arrive quand tu te dis : *Je suis vivant alors que l'autre est mort, donc je me sens coupable ; mais ce n'est pas de la culpabilité, plutôt des regrets que l'autre soit mort.* « Je devrais être mort » est une injonction de peur irrationnelle. Mais il faut faire abstraction de cette idée qui est absolument affreuse et qui risque d'abîmer encore plus la personne si elle laisse ce sentiment de culpabilité permanent s'enkyster. Des regrets, oui. De la culpabilité, jamais. Il faut mûrir pour réussir à se reconstruire sur des regrets horribles, abjects.

La situation est si terrible qu'il faut essayer de ne pas en rajouter. Principe de réalité. Nous sommes vivants, nous sommes là. C'est tout. Avec des « si », tu changes le monde, tu modifies toute l'histoire, tu réinventes les choses, mais ce n'est pas la réalité.

Les coupables sont les assassins, les terroristes, les fascistes, les barbares, ceux qui épaulent et qui tirent. Sans pitié. Ceux qui sont complices de ces attentats. Ceux qui ont laissé faire, ceux qui les ont conduits d'une manière ou d'une autre. L'Histoire dira la vérité sur les responsabilités de ces attentats.

6

Le temps de la chute et du rebond

Nous sommes aujourd'hui dans une situation que connaissent très bien les psychiatres des armées. Un soldat part en patrouille et d'un coup tac-tac-tac-tac... Il se retourne et tous les autres militaires avec qui il était en train de marcher ne sont plus là ; des images de soldats en patrouille dans des véhicules qui sautent sur des mines. Certains s'en sortent et développent les syndromes de stress post-traumatique. Ce grave traumatisme a été découvert par les militaires. C'est le traumatisme qu'ont vécu les victimes d'attentats, de drames ou d'agressions violentes. Une véritable bombe à retardement. Sans prévenir, à la moindre alerte, il peut provoquer une réaction imprévisible. Un exemple est celui de ce militaire américain sur une plage du Débarquement, lors des commémorations des soixante-dix ans du Débarquement en Normandie. L'homme, un ancien ranger, est sur la plage avec ses médailles, ses anciens collègues, à Omaha Beach. Soudain, des tirs de canon viennent commémorer l'action du 6 juin 1944. Et là, en un instant, son cerveau le remet dans la position du 6 juin, soixante-dix ans plus tôt. L'homme se couche par terre et s'écrie : « Planquez-vous ! Ils nous tirent dessus ! » Il commence à ramper. Il n'y est pour rien, il a été conditionné par son psychotraumatisme. Comme le décrit fort bien le Dr Muriel Salmona, psychiatre, dans ses différents ouvrages et articles : il y a bien un phénomène neurologique et biologique qui crée cette mémoire traumatique. Les travaux en neuroscience dans ce domaine avancent considérablement, notamment par les études de l'université de Mannheim en Allemagne et toutes les études qui s'appuient sur l'imagerie par résonance magnétique et les scanners. Donc toute personne touchée par un attentat va développer cette mémoire traumatique. C'est neurobiologique. Il faut la respecter et, pour son entourage, l'accepter afin de l'aider à aller mieux et se reconstruire un présent et un futur.

Les neurosciences ont permis de comprendre que le système limbique est essentiel à la réponse émotionnelle et à la mémoire. Pour faire simple, différentes structures du cerveau vont interagir en cas de stress traumatique, que ce soit une agression, un viol, un accident, un attentat, un suicide...

Dans la vie de tous les jours, la vue d'un danger provoque une connexion entre le thalamus et l'amygdale cérébrale. Elle engendre une réaction émotionnelle et comportementale avant même que le reste du cortex ne soit informé (tu sursautes au bruit par exemple). Puis une connexion entre le thalamus, le cortex et l'amygdale entraîne la compréhension du danger, une comparaison avec les souvenirs au niveau de l'hippocampe, pouvant réguler parfois la réponse émotionnelle (tu es alors rassuré ou tu as peur et tu fuis).

Le stress déclenche aussi des réactions biologiques en chaîne : sécrétion d'adrénaline et de noradrénaline par les glandes surrénales, entraînant l'activation des appareils circulatoires et respiratoires, ainsi que la sécrétion de cortisol par l'hypophyse.

En somme, en quelques millièmes de seconde, tout le cerveau est accaparé par le danger. Sans doute ces réactions ont-elles été acquises au cours des siècles d'évolution de l'espèce humaine.

Les imageries de la neuroscience ont montré qu'en cas de danger extrême la sidération psychique se fait et empêche le contrôle de l'amygdale. Le cortex n'est pas sollicité, ni les souvenirs de l'hippocampe. On ne sait plus ce qu'il se passe, car il n'existe pas de référence dans les souvenirs. L'amygdale reste hyperactive. Le cerveau n'a plus sa propre régulation. Le cortisol est alors hypersécrété, tout comme l'adrénaline qui engendre les signes physiques de la peur. Ce qui peut entraîner un arrêt cardiaque.

Pour la survie de la victime, un autre mécanisme intervient, la disjonction de la connexion, du circuit, comme un disjoncteur (tel un système électrique en surchauffe). L'amygdale est déconnectée. Ce qui entraîne la dissociation, sensation d'irréalité, d'être spectateur. La sécrétion d'endomorphine par l'hypophyse agit sur la douleur physique.

La mémoire permettant la fabrication des souvenirs ne pourra plus alors s'activer par déconnexion de l'amygdale à l'hippocampe. Mais une mémoire traumatique piégée dans l'amygdale risque de resurgir à tout moment : ce sont les flashs, la réminiscence. D'où probablement les troubles de la mémoire : plus rien ne s'enregistre. Il faut comprendre que le stress traumatique est un mécanisme complexe qui engendre tous ces troubles graves.

Je ne supporte plus la violence, car elle réactive mes souvenirs du drame. À tel point que – cela peut paraître totalement désuet –, fan des James Bond, je n'arrivais plus à les regarder. Puis, progressivement, voir des films violents m'a été possible. Pendant à peu près six mois, j'ai été incapable de voir un film où il y avait la moindre violence, la moindre arme à feu. Ça entraînait une réaction adrénergique avec des sueurs, des palpitations et des angoisses terribles. Et encore actuellement, quand je vais voir des films, dès que c'est terriblement violent, avec de grosses armes de guerre, du sang, je sors... Je ne peux pas les voir. On en voit trop d'ailleurs. Mais c'est un combat perdu d'avance, car sur Internet l'accès à la violence est partout.

Le 13 novembre, je n'avais qu'une chose en tête, comme aujourd'hui, je voulais rendre service. Je voulais aider à sauver des gens. Je ne voulais pas aller sur le terrain pour ne pas mettre en danger les victimes, pour la simple raison que je craignais de « réactiver » mes centres de mémoire traumatique. Et j'aurais été sidéré et... je n'aurais pas pu travailler. À ce moment-là, on ne bouge plus. On ne peut pas. Il faut le savoir. On peut être neutralisé par une réactivité brutale. Après ce qu'il m'est arrivé, après la confrontation à un horrible carnage, je continue à travailler dans la médecine d'urgence, donc à être confronté au risque d'attentat. Le soir du 13 novembre, je savais que je pouvais être neutralisé, « sidéré ». Je sais qu'il y a un risque. Je m'adapte donc en me mettant au lieu le plus complexe, à la régulation, mais à l'écart du drame.

Cet horrible soir, je suis assis à une terrasse de café. Il est 21 h 40. Soudain, le Dr Marx, du Samu de Paris, m'appelle et me dit : « Il y a un attentat multisite. Ils sont en train de tirer partout dans Paris. » Je me suis senti à nouveau dans mon rôle de docteur et je suis parti au Samu tout de suite. Mais je suis arrivé avec la conscience que je pouvais être neutralisé si je revoyais des images de carnage.

La régulation du Samu de Paris est un plateau technique de réponse téléphonique. Il y avait une concentration extrême. Les permanenciers sont revenus d'eux-mêmes, comme les médecins. Tout le monde était en poste et recevait les appels terribles des victimes. Nous entendions les tirs au téléphone, les cris et les pleurs. Tout est allé très vite pendant ces cinq heures. Chacune et chacun a rempli sa mission et nous avons tous fait honneur au service public hospitalier, comme les médecins et les personnels sur le terrain et dans les hôpitaux.

Et à ce moment-là, je me suis dit que j'étais à ma place, que je les aidais. Le Samu de Paris comme les pompiers de Paris ont eu une action exemplaire dans des conditions très difficiles et de guerre, pour lesquelles nul n'est jamais prêt.

Quand les collègues m'appelaient pour me dire : « Il a une plaie dans le thorax, une plaie de cuisse, etc., où est-ce que je peux aller ? », je leur répondais : « Tu vas à Bégin, à la Pitié-Salpêtrière, tu fonces à l'hôpital Georges-Pompidou, à Percy, etc. » J'étais là où il fallait que je sois, là où je me sentais vraiment utile. Sans pour autant prendre le risque d'une réactivation du traumatisme, d'une rechute dans la sidération. Le 15 octobre 2016, lors de l'hommage aux victimes de l'attentat de Nice, Julien Clerc a interprété cette chanson d'Étienne Roda-Gil. Les paroles correspondent aux terreurs qui nous entraînent. Une des croisées du chemin de la reconstruction est de choisir l'un des moins faciles. Être utile est l'un de ces chemins. Il est nécessaire et souvent ardu.

Travailler à dominer sa mémoire traumatique est difficile et dépend de chacune des victimes. Il n'y a pas de méthode. Pour ma part, je suis devenu une « éponge d'informations » sur le terrorisme, comme beaucoup. C'est le cas à chaque nouvel attentat.

Le 19 avril 2015, c'est en alertant le Samu après une plaie par balle que le terroriste qui voulait attaquer notamment la basilique du Sacré-Cœur à Paris, avec comme objectif de tuer 150 personnes, a été arrêté. Il avait fait croire à une agression. Il avait tué une joggeuse, Mlle Aurélie Châtelain, peu de temps auparavant.

Le 26 juin 2015, Hervé Cornara, chef d'entreprise à Saint-Quentin-Fallavier (Isère), a été décapité par un islamiste qui s'est par la suite suicidé en prison.

Le 13 juillet 2015, quatre jeunes islamistes ont été arrêtés alors qu'ils projetaient d'attaquer le camp militaire de Fort-Béar à Port-Vendres.

Le 21 août 2015, dans le Thalys, un islamiste a été neutralisé par trois soldats américains en permission, un Français et un professeur d'anglais. Le courage de ces personnes a permis d'éviter un carnage.

Puis vinrent les attentats du 13 novembre 2015 : le sordide absolu. J'ai eu l'impression de quitter l'oisiveté de l'enfance pour pénétrer l'horrible présent de la situation de guerre. Ces cris entendus au téléphone du Samu résonnent encore en moi.

Le 7 janvier 2016, un islamiste attaquait le commissariat du 18e arrondissement à Paris.

Le 11 janvier 2016, un enseignant juif était attaqué à la machette au nom de l'État islamique.

Le 13 juin 2016, Jean-Baptiste Salvaing et Jessica Schneider, deux policiers, étaient assassinés chez eux, devant leur enfant, à Magnanville.

Le drame de Nice. J'étais avec les équipes du Samu pour fêter le 14 Juillet. Chaque année, nous faisons partie du dispositif de sécurité à Paris. Vers 23 h 45, il y a eu un grand mouvement de foule près de la tour Eiffel. Par les réseaux sociaux, les gens croyaient que l'attentat avait lieu à Paris, dans les pétarades du feu d'artifice. L'attaque islamiste de Nice a fait 86 morts et plus de 286 blessés, sans compter les milliers de psychotraumatisés.

Le 26 juillet 2016, lors d'une messe à l'église de Saint-Étienne-du-Rouvray, près de Rouen, le prêtre Jacques Hamel était égorgé et un paroissien blessé.

Le 3 février 2017, deux militaires ont été attaqués au Louvre, et l'un d'eux blessé légèrement.

Ces attentats frappent tout le pays, prennent toutes les formes, ciblent toutes les organisations de notre société. Ils ont une temporalité, comme un rythme funèbre. Ils marquent le temps du présent par les commémorations. Les drames ont toujours un lien avec le temps et il faut arriver à le faire tourner vers l'avenir et le positif même si cela est difficile.

Je me souviens de la première année, la première commémoration. Il faut vivre, endurer marche après marche pour remonter la pente dévalée de la vie et espérer sortir de la désespérance. Personne ne peut y échapper. Nous devons nous adapter à cette nouvelle vie.

La première commémoration fut épouvantable. Mais tu ne peux l'éviter. Si tu ne commémores pas, les gens ne sont pas contents, la société n'est pas contente, et la société en a besoin… Si tu commémores trop, les mêmes ou d'autres protestent sur les modalités. Rien n'est simple, donc préférons la simplicité.

Les médias te rappellent – et rappellent aux victimes – que « c'était il y a un mois ; c'était il y a deux mois ; c'était il y a trois mois »… Certains d'entre eux sont devenus d'une médiocrité effroyable, avec les réseaux sociaux et Internet, une espèce d'égouts et de déversoirs de la crétinerie et de l'imbécillité, un eldorado des rumeurs, un flux épouvantable. Sans qu'on sache pourquoi, les quatrième et cinquième mois passent à l'as. Et puis il y a six mois ! Et pour peu qu'il y ait un nouvel attentat, on te rappelle et on te demande : « Qu'est-ce que cela vous fait de voir un autre attentat ? » Puis il y a un an. La boucle est bouclée. C'est un cap à franchir.

La société a besoin de rituels dont celui-là. Mais c'est terriblement violent. La condition humaine a ses habitudes, ses folklores, ses rendez-vous, et quand survient une absence, l'année qui s'écoule est emplie de ces absences : celui qui est parti n'est pas là lors des fêtes, aux anniversaires ; les départs en vacances ne sont plus les mêmes, les soirées non plus ; les petits rendez-vous, les petites surprises ne sont plus là. Et cela conditionne énormément le deuil.

L'absence fait partie de la douleur psychique, voire physique lors de relations intimes. Elle marque la rupture temporelle et spatiale. Temporelle car, comme dans tout deuil, l'absence transforme le temps qui passe. Spatiale, car la personne aimée n'est plus là et l'environnement doit se constituer sans elle.

7

De la volonté de se reconstruire

Il n'y a pas de recette unique pour se reconstruire mais une seule volonté : la tienne.

Certains s'inventent des rituels, fabriquent de petits autels, découpent des photos, d'autres gardent les vêtements du jour de l'attentat. Et les remettent puis les enlèvent. Et ça leur fait du bien. Le port du vêtement est un détail très important, car il est associé au souvenir. Cela arrive à tout le monde tous les jours avec une couleur, un habit, une forme, un tissu, un accessoire... et la mémoire se ravive. Il en est de même dans le phénomène du deuil où les habits occupent une fonction précise. Se parer de la couleur de son moral tel qu'il doit être, en quelque sorte. Dans le psychotraumatisme, le vêtement joue tous ces rôles : déclencheur de mémoire, source qui apaise l'angoisse, l'extirpe de l'oubli, rituel d'appartenance au cérémonial, rappel du choc du drame. Ce comportement n'est en rien pathologique : rassurons les personnes qui pratiquent ces rituels des habits. Le changement de ces rituels et de ces habitudes vestimentaires prouvera que la reconstruction est en marche.

Certains se reconstruisent seuls. D'autres font des bébés et se sentent mieux. L'amour les aide. L'amour peut tout. L'amour qui inclut l'amitié. Malheureusement pour certaines victimes, il existe un blocage de la fonction libidinale de l'amour. Pour le Pr Louis Crocq (*16 leçons sur le trauma*, Odile Jacob, 2012), « le trauma réalise un triple effondrement narcissique : l'effondrement du sentiment d'invulnérabilité, l'effondrement de la conviction que le monde est protecteur, l'effondrement de la confiance espérée du secours venant d'autrui. »

La notion de l'amour est complexe dans le traumatisme. Si la victime n'est pas déjà dans une relation amoureuse, elle ne va probablement pas pouvoir accéder dans l'immédiat à ces sentiments, car elle va se consacrer entièrement à sa reconstruction. L'arrivée de l'amour ou d'une relation lui indiquera qu'elle est sur le chemin de la reconstruction, sans pour autant oublier. C'est pour l'autre, pour la personne aimée, que le travail de compréhension du drame va être complexe. La victime va donner de l'amour, une partie de son narcissisme à la personne aimée. Celle-ci devra accepter le passé, le drame, l'attentat et tout son cortège de malheurs.

Une femme ayant été confrontée à la vision d'une attaque contre un café le soir du 13 novembre 2015 a été blessée légèrement. Après quelques jours à l'hôpital, elle est sortie pour reprendre sa vie de tous les jours. Mais plus les jours ont passé, plus tout devenait compliqué, sans valeur, sans saveur, sans but. Elle vivait en couple avec un enfant, mais n'éprouvait plus les mêmes sentiments pour ses proches qu'auparavant. Elle croyait ne plus rien ressentir, comme si l'attentat avait asséché ses sentiments amoureux. Bien entendu, la libido était aussi en berne.

Il n'y a pas moins d'amour. La victime va se concentrer sur elle-même pour se reconstruire avec toute son énergie et son temps. Le couple doit être patient car les sentiments reviendront.

Un homme a perdu son épouse dans un attentat. La question d'une nouvelle histoire d'amour s'est posée un an et demi après. Mais il culpabilisait à l'idée de trahir la mémoire de sa compagne. Le soutien psychanalytique lui a permis de franchir cette barrière. Il ne trahissait personne, il n'oubliait pas la défunte ; sa vie s'ouvrait sur une autre histoire qui n'empêcherait pas le souvenir. La victime redevient sujet et reprend objectivement un intérêt aux autres, comme avant le drame.

Il n'y a pas de certitude sur le moyen de reconstruire sa maison intérieure. Il faut laisser la victime faire, sans la provoquer ni la forcer. Laisser du temps en accompagnant.

Comme le décrit le philosophe Michaël Fœssel dans *Le Temps de la consolation* (Seuil, 2015) : « Se reconstruire a une de ses fondations dans la consolation. Consoler n'est pas guérir. » Nul ne peut effacer un drame en dehors d'un déni de réalité, qui est une pathologie grave. Consoler, c'est avant tout résorber la douleur et non l'évacuer. Comprendre la nature de la douleur, de la souffrance, du stress post-traumatique, c'est la mettre à distance, l'interroger et déjà l'évacuer. Je regroupe dans la notion d'objet perdu les amis, les proches ou les souvenirs, tout ce que la victime a perdu. Celui qui console l'affligé ne va rien ressusciter de l'objet perdu, mais va réorienter les sens de la victime, pour qu'elle se reconstruise.

Donnons un exemple : une victime a eu un accident avec une fracture et a perdu son véhicule. Ses proches vont la consoler en orientant son intérêt vers le rétablissement clinique et sur le fait matériel que la voiture va être changée. La parole du consolateur est en quelque sorte poétique afin d'éteindre la douleur. En aucun cas, il ne faut croire que l'objet perdu est nié ou oublié. La consolation va aider à la reconstruction, elle s'inscrit dans le présent, elle marque le présent.

Là encore, le temps joue un rôle. C'est probablement important pour comprendre la différence entre inconsolé et inconsolable. L'inconsolé accepte la consolation de l'objet perdu, il progresse dans son deuil, il évolue dans son stress post-traumatique et se reconstruit. Le présent devient construction. L'inconsolable ne peut remplacer l'objet perdu. Toute tentative d'ouvrir les espaces à un autre objet est impossible et impensable. Comme si la consolation constituait une trahison. La littérature est pleine de ces figures inconsolables comme Antigone. La consolation ne représente pas une résilience, car elle inclut dans le schéma de reconstruction le fait que l'objet perdu ne reviendra jamais comme avant. Ainsi le consolé accepte progressivement l'objet perdu et va en reconstruire un nouveau sans oublier.

En fait, pas une victime n'est identique à une autre. Les victimes d'attentat ne sont pas une grande cohorte homogène, mais des milliers de victimes des attentats, qui font émerger un problème de santé publique. Car il y a pour chacune d'elles des problèmes de réadaptation à la vie en cas de handicap physique, un suivi psychologique, un accompagnement social. La société et l'État se doivent d'accompagner toutes les victimes afin que leurs maux soient apaisés et qu'elles puissent se reconstruire.

La façon dont chacun s'engage et poursuit sa vie, quelle qu'en soit la forme, est tout à fait respectable. Elle ne doit pas être critiquée mais tolérée. Elle est psychopathologique, il s'agit d'une réaction à quelque chose d'épouvantable. C'est compliqué et chacun fait comme il peut. Chez certaines victimes se sont déclarés des cancers, chez d'autres des maladies hypertensives, endocriniennes (diabète, hypercholestérolémie), des dépressions ou des handicaps sociétaux. Beaucoup ont changé leurs habitudes alimentaires. Il ne s'agit pas de leur reprocher les écarts, quels qu'ils soient. C'est une phase. Une victime de psychotraumatisme doit se faire du bien. Ce peut être du sport, du yoga, des fêtes, des sorties culturelles, des hammams, des dîners, même très arrosés... Tout ce qui adoucit la souffrance est bon à prendre, avec un soutien permanent ; car la reconstruction se fait très progressivement. Mais le simple fait qu'une victime ait la volonté de faire des choses qui peuvent sembler anodines appartient au processus de la reconstruction.

De toute façon, le pire est arrivé. Il n'est pas passé ; il est arrivé. Cela constitue une énorme différence.

Après, il faut se reconstruire. Dire que certains s'en sortent mieux que d'autres est erroné. Cela fonctionne par phases. On peut donner l'impression de très bien s'en sortir un jour. Puis, quelques jours plus tard, être au plus mal. Les victimes sont toutes des personnes fragiles. Ce n'est pas un passe-droit moral ou sociétal, mais un fait. Si un attentat survient, et il y a de forts risques que ça recommence, les victimes auront des réminiscences du drame.

C'est sans doute à ce niveau que la technique psychologique appelée *eye movement desensitization and reprocessing* (EMDR) permet, si elle est bien employée, de débloquer les souvenirs traumatiques qui se situeraient au niveau de l'amygdale cérébrale, afin de faire disparaître les sensations pénibles et les sentiments de culpabilité et de dévalorisation. Cette technique reposant sur les mouvements oculaires permet d'agir sur la mémoire traumatique. Une sorte d'hypnose.

Comment vivre un drame ? La reconstruction est une affaire strictement personnelle. Certains écrivent des livres, réalisent des films, changent d'emploi, de logement, de compagne ou de compagnon, font des enfants, font du sport, des activités artistiques, prennent un animal ou changent carrément de vie. Rien n'est contestable ou critiquable. Une victime doit être respectée et aidée. Certains médias ne les respectent pas assez ; mais il est vrai que les victimes s'exposent parfois en pensant bien faire. Au soir du 7 janvier 2015, je me suis dit : « Qu'aurait fait Charb ? » La réponse était dans le passé. Au lendemain de l'attentat du 2 novembre 2011 où le journal avait brûlé, il avait été dans tous les médias pour parler de la liberté, du journal, de la laïcité et de notre haine des intégrismes religieux. J'ai fait la même chose. Certains crétins ont cru que je misais sur la carte médiatique. Personne de sidéré comme je l'ai été ne peut avoir de plan média ! Je suis intervenu sur deux chaînes de télé et sur France Inter. Mais vu l'impact, ça a été repris partout. Les sollicitations sont devenues étouffantes, car à chaque fois les mêmes questions sur l'horreur ravivaient tout. Il faut limiter ses apparitions et réserver ses récits aux psychiatres une fois le témoignage journalistique fait. Il y a une grande différence entre le média qui finira par vous nuire et le travail du journaliste en quête de vérité et d'information.

Nous arrivons au stress post-traumatique de masse. Le pays était calme et vaquait à ses occupations banales de politique, de rumeurs, de drames quotidiens. Arrive l'alerte. Par les réseaux sociaux, la police prévient les journalistes, ou leurs relations les avertissent. Cela se passe comme dans notre organisme : les organes sensoriels activent le cerveau. Puis arrive le circuit normal du drame avec les bandeaux d'alerte info sur BFM TV, C News, LCI, France Info, Europe 1 et RMC. S'ensuit alors une courte période de vérification de l'information. On peut poursuivre le parallèle entre le cerveau et la réaction médiatique : là, comme pour le stress, les mécanismes de régulation ne peuvent plus se faire. L'information devient un *breaking news*, le quotidien n'est plus, plus rien ne régule : un flot d'informations déferle sur le peuple sans modération.

La culture moderne des masses est à analyser, à comprendre, à déconstruire. Cette information morbide produit une répercussion morbide sur le peuple. Mais impossible de la limiter puisqu'elle est vérité et un journaliste, un bon journaliste, doit dire la vérité après l'avoir vérifiée.

De l'autre côté du poste, de l'écran, du papier journal, les gens reçoivent ces infos en pleine face et doivent faire avec.

Or, si le cerveau est capable de secréter un peu de douceur avec les endorphines, les systèmes des médias n'en sont pas capables. Délivrer des informations horribles est un fait et il est impossible de trouver un peu de douceur sauf, par exemple, lorsque des rescapés sont retrouvés dans les décombres d'un tremblement de terre.

Peut-être que la douceur est à chercher du côté de mécanismes médiatiques qui expliqueraient l'événement plus longuement, en prenant soin des personnes qui regardent.

Après les attentats, j'étais scandalisé de voir les images de propagande de Daech diffusées à la télévision... et encore maintenant.

De même, les journalistes doivent faire attention aux victimes. C'est une question d'humanité. Le journaliste de France 2 qui, le soir de l'attentat du 14 Juillet à Nice, a interrogé une victime à côté du cadavre de l'un de ses proches était pathétique. Le pathos pour le pathos n'apporte rien, mais canalise les masses vers plus de désespérance encore.

Comment aider au mieux une victime ? Si les signes persistent, il faut envisager un encadrement psychiatrique par des équipes expérimentées au psychotraumatisme, qui peuvent aider à la débloquer.

La reconstruction est toujours longue. Le but est que, quelle que soit la méthode, la victime regagne un libre arbitre et une liberté de pensée afin de tenter d'être heureuse.

8

Comprendre l'horreur pour mieux la déconstruire

Il faut absorber l'horreur. L'embrasser. La serrer et l'inclure dans son être. On ne peut pas la détruire. Il faut la déconstruire. Déconstruire le souvenir de l'horreur. Comprendre ce qu'il s'est passé tant à l'extérieur de soi qu'en soi.

Quand tu parles avec toutes les personnes, même celles qui n'ont pas du tout été touchées par les attentats, toutes se souviennent précisément de là où elles étaient le soir, le jour, l'heure de l'attentat, de ce qu'elles faisaient. Même quand on remonte plus loin dans le temps. Si l'on commence à demander: «Mais alors, où étiez-vous le 11 septembre 2001, le 7 janvier 2015, le 8 janvier 2015 ou le

13 novembre 2015 ?», les gens le savent. Tous parlent des attentats et ont besoin de le faire.

Les gens se souviendront de tout. Une marque, une imprégnation est d'autant plus active que les médias gèrent cette information. Une odeur reste, persistante, sur la peau. Alors il faut déconstruire cette odeur de mort et de terreur. L'important pour déconstruire est de comprendre, de savoir où la personne est morte, dans quelles conditions elle a été tuée. Ce n'est pas macabre, juste un besoin de savoir et d'apprendre à penser l'impensable. Les gens ont besoin de savoir, même s'il s'agit d'une grande émotion, même si cela est compliqué.

L'horreur est tombée sur les lieux, mais comment reconstruire ? En février 2016, les directeurs du Bataclan se sont posé de très nombreuses questions mêlées de doutes. Fallait-il rouvrir cette salle de spectacle ? La même question s'était posée à *Charlie Hebdo* : fallait-il tout arrêter ou continuer ? La rédaction avait alors fait le numéro des survivants et le journal a recommencé ; il le fallait. Les terroristes ne pouvaient pas avoir gagné et ce journal l'a bien compris. Il continue et continuera, et c'est une chance pour l'humour, l'irrévérence, le devoir de blasphème.

L'Hyper Cacher de la porte de Vincennes a été attaqué. Devait-il rouvrir ? Bien sûr que oui ! Et depuis, les clients y reviennent. La vie a repris son cours. Le Thalys a été attaqué. Aurions-nous dû arrêter tous les TGV ? Bien sûr que non ! Le rythme des voyages a repris sur les voies ferrées. Les cafés attaqués et meurtris comme le Stade de France le 13 novembre 2015 auraient-ils tous dû fermer ? Bien sûr que non ! Les matchs et les concerts ont repris au Stade de France ; les cafés sont tous ouverts. Les restaurants aussi. Et nous fêterons le 14 Juillet avec bals, feux d'artifice et sourires aux lèvres. Ils sont l'intolérance et la haine ; nous sommes la tolérance et l'amour.

Alors, lorsque les directeurs du Bataclan m'ont posé la question, je leur ai dit qu'il fallait bien sûr rouvrir cette salle de spectacle, mais pas n'importe comment et avec les associations de victimes. Jérôme Langlet, Jules Frutos et Olivier Poubelle, les directeurs, nous ont alors laissés faire avec la cellule d'urgence médico-psychologique du Samu de Paris, dirigée par le Pr Didier Cremniter. Ce fut une première. En effet, les cellules d'urgence médico-psychologique (CUMP) étaient faites pour les premiers instants des drames et des catastrophes. Mais l'idée moderne de psychiatres comme le Pr Crocq, le Pr Cremniter ou le Dr Dantchev de l'Hôtel-Dieu de Paris est de dire que le psychiatre des premiers moments de prise en charge doit rester beaucoup plus longtemps. L'immédiateté de prise en charge au moment de la sidération et de la dissociation doit s'inscrire dans un processus de suivi médical à long terme. Nous avons vu les effets bénéfiques de ce lien entre soignants et victimes au moment des attentats. Nous avons cassé des codes pour être au plus près des victimes et accompagner leur reconstruction, qui est plus ou moins longue.

Ainsi, le Bataclan a rouvert ses portes au spectacle et à la vie.

Début mars 2016, sans aucun journaliste, nous avons fait entrer dans le Bataclan les victimes, leurs proches, les familles. Plus de 25 psychiatres, psychologues, urgentistes et infirmières étaient là. Une première dans l'accompagnement des victimes d'attentats. Une évolution dans l'aide thérapeutique.

Plus de 450 personnes sont venues, chacune à son tour et sur deux jours, pour se recueillir. Celles et ceux qui avaient besoin de silence ou de rester seuls le pouvaient. D'autres n'avaient pas de prise en charge et ont pu lier attache avec un thérapeute. Certains ont mis des bougies, des fleurs, des textes, des poèmes, des photos. L'émotion était palpable à chaque endroit de l'espace.

Je me souviens de ces parents effondrés qui avaient perdu leur fils et leur belle-fille. D'un père, les yeux en larmes, le visage blême, qui s'est mis là où son fils avait été abattu. Ou encore d'une femme qui avait perdu son conjoint et dont toute la tristesse et la rage étaient masquées par une dignité rare. Aucune haine ni extravagance... Un grand moment de recueillement nécessaire.

Un jeune homme avait besoin de revoir les lieux car il considérait la salle comme un cimetière. Sa forte culpabilité de survivant s'est un peu ébranlée en voyant le lieu reprendre vie. Mais malgré les quatre mois écoulés, il avait encore des flashs horribles, des visions des corps et le bruit des tirs.

Presque tous nous ont parlé de leurs troubles du sommeil avec des insomnies, des cauchemars et surtout des temps de repos trop brefs pour récupérer.

Lorsqu'il a fallu prendre la décision de rouvrir la salle, les associations ont soutenu le projet, car le Bataclan devait et doit refaire vibrer les cœurs et les têtes au son de beaux spectacles, mais sans oublier le massacre.

En octobre 2016, quelques semaines avant le premier concert, donné par Sting, la salle a été rouverte et encore près de 600 victimes, des proches et des familles, sont venues se recueillir. Je me souviens de ce couple de retraités qui cherchaient avec le dossier d'instruction l'endroit exact où était décédé leur fils. Une erreur de la police avait fait confondre l'escalier côté jardin de la scène avec le côté cour. La maman du défunt était affolée à l'idée de ne pas trouver l'endroit précis. En les accompagnant, ils m'ont raconté la gentillesse et la bonté de leur fils. Arrivé à l'escalier où il avait été abattu d'une balle dans le dos, son père a dit : « Oui, c'est ici, je le sens ! » Ils ont déposé les feuilles de l'arbre qu'ils ont planté pour lui devant leur maison. Les hommages simples comme celui-là, il y en a eu plus de mille au Bataclan.

Même un an après, nous avons pu rencontrer des victimes qui n'avaient pas été prises en charge. Par méconnaissance de l'accès aux soins, par absence de besoin ressenti... Dans tous les cas, nous avons rencontré des victimes qui souffraient onze mois après de stress post-traumatique aigu. Certains étaient devenus agoraphobes, d'autres avaient des conduites d'évitement, fuyant les transports en commun, les salles de concert.

Nous avons vu des victimes se présentant pour le mieux, puis totalement bloquées avant d'entrer dans le Bataclan. Une autre souffrait d'états brutaux de sidération depuis l'attentat.

Le fait d'avoir accompagné les victimes sur les lieux, d'avoir fait sortir la psychiatrie de ses murs hospitaliers en quelque sorte, et surtout du dogme que la CUMP ne serait que pour les quelques heures qui suivent le choc, nous a énormément appris et a surtout servi les victimes.

Pour la CUMP du Samu de Paris, ce fut une première et un exemple à suivre. Mais nous n'en sommes pas restés là et, pendant toute la semaine de réouverture, nous avons accompagné les victimes. Encore une première ! Et cela a aidé des victimes qui avaient des conduites d'évitement, qui fuyaient la musiquc, qui s'auto angoissaient à l'idée de revenir dans cette salle.

Les concerts de Sting, de Pete Doherty et de Youssou N'Dour se sont très bien passés. Nous avons aidé encore quelques dizaines de victimes en restant même à côté de certaines pour les rassurer. Cette humanité, cette compassion, cette aide aux personnes traumatisées par l'attentat sont thérapeutiques et très importantes pour favoriser la reconstruction.

Les idées de déconstruction et de reconstruction ne représentent ni un challenge ni une performance. Ce sont des étapes dans la psyché des victimes pour se sentir libérées de la névrose post-traumatique. Reconquérir par le présent et par la vie les scènes marquées par l'horreur du drame est très difficile et il faut respecter les personnes qui n'y arrivent pas ou qui mettront plus de temps à y parvenir.

9

Conquérir la bienveillance

Définition : sentiment par lequel on veut du bien (voir altruisme). « Amour de bienveillance » et « amour de concupiscence » (Descartes).

Le plus important, c'est le temps. Le temps n'évolue pas pour nous de la même façon que pour les autres. Parfois, les secondes s'étirent, à d'autres moments le temps s'enfuit à toute allure. J'insiste : le rapport au temps change pour les victimes. L'une des réalités les plus dramatiques pour les victimes et pour ceux qui survivent, c'est que le temps les éloigne du moment où tout a basculé. Comme si nous voulions puissamment retourner dans le passé pour changer ce moment-là.

Il ne faut pas être pressé avec les personnes qui ont été victimes d'un drame mais comprendre la lenteur du fracas. Comme si le temps se séparait en deux espaces-temps distincts, celui des victimes et celui des autres.

Le temps des proches est différent du nôtre, car ils aimeraient que le deuil ou le psychotraumatisme passe, et vite. Une bonne cuite, une histoire de cul ou un beau voyage, et tout ira mieux ! Eh bien non, tout ne va pas mieux. Si parfois ces conduites peuvent améliorer la psyché, c'est de toute façon transitoire. À l'image de ceux qui semblent bien s'en sortir, notamment à travers des états quasi maniaques, sans aucun trouble. Ils survivent, en réalité, avec une symptomatologie larvée qui menace à tout moment de se déclarer, avec un état ou effet rebond catastrophique ou sous la forme d'une dépression sévère.

Aussi, durant ce temps incertain, il faut laisser faire... laisser faire le corps. Un peu comme la branche d'arbre dans le vent, ou l'enfant qui dévale la pente de la montagne en roulant... Il faut laisser faire, car pendant cette période, qui peut durer un moment, le cerveau essaie de monter des mécanismes de défense. Exactement la même chose que pour une blessure de peau ou une plaie. L'organisme saigne, puis crée des réactions de coagulation qui arrêtent le saignement. Puis d'autres phénomènes font cicatriser la plaie, et d'autres encore évitent que la plaie ne s'infecte. Il faut combattre l'impatience d'aller mieux en prenant appui sur le temps et il te faudra devenir un amoureux du temps.

Il est très difficile de demander à des gens d'y arriver rapidement. La psychiatrie et la psychologie du psychotraumatisme sont longues ! Cela ne se fait pas en un claquement de doigts. Par exemple, il est compliqué de réussir à intervenir sur son propre cerveau, sur les troubles du sommeil, les rêves et les cauchemars. Je pense que c'est possible avec un important niveau de concentration, de méditation, de prise de conscience de soi. Mais c'est loin d'être simple.

Intervient alors le lien sacré entre le soignant et le patient : une bienveillance du soignant envers le soigné. Entre le psychiatre, le psychanalyste ou le psychologue et la victime. L'urgence n'est pas dérogatoire à la qualité des soins et aux liens avec le soignant. La victime, le patient peut tout à fait ne pas aimer son médecin, son psychiatre... Et le contraire est aussi vrai ! Donc passer son tour, prendre un autre soignant si la thérapie ne fonctionne pas ou confier le patient à un autre soignant ne constitue pas un échec, mais augure justement d'un savoir faire.

Le monde, la vie, les êtres humains ne sont jamais parfaits ; il faut donc composer avec, tolérer la possibilité de changer. L'important étant de progresser coûte que coûte, chaque jour, pas à pas, vers sa reconstruction.

Les résultats des théories de l'hypnose ne sont pas aussi probants que cela : ils aident mais ne font pas tout. L'immédiateté : « Voilà, je vous fais de l'hypnose et puis ça y est, vous allez mieux. » Non ! On remarque des cas de gens qui pensaient aller beaucoup mieux avec ce genre de thérapie et qui craquent complètement au bout de quelques mois. Il semble que ce soit un bon traitement, mais complémentaire de l'accompagnement psychologique.

En fait, une chose est vraiment nécessaire, primordiale, c'est le soutien. Une victime sent les gens qui la soutiennent vraiment, celles et ceux qui sont bienveillants. La victime a besoin d'être bien veillée pendant des jours et des jours, peut-être deux à trois ans, selon les cas. Ne pas insulter la personne qui a été victime, ne pas lui parler avec une tonalité brutale, ne pas banaliser les gestes à son égard, la protéger des contrariétés. Dans mon cas, le rapport à l'autre se construit doucement, l'essentiel étant la confiance. Peut-être ne faudrait-il pas élargir son cercle d'amis dans un premier temps, sauf avec les soignants ? Sans doute conviendrait-il de prendre beaucoup de temps avec ses proches ? Même le silence est un accompagnement, pour après s'ouvrir doucement aux autres. C'est un sacré travail psychologique que de conquérir des amitiés nouvelles. Il faut se stabiliser soi-même avant d'y arriver, et c'est parfois épuisant. Il ne faut pas tomber dans l'illusion que *allez, on oublie ! On connaît de nouvelles personnes, c'est génial, ça y est, la nouvelle vie est là !* Car il s'agit d'une bombe psychologique à retardement. L'abstraction de la souffrance dans un psychotraumatisme est aussi grave que le traumatisme lui-même.

J'ai fait la connaissance d'une femme qui a perdu son mari lors des attentats et qui me dit toujours : « Ce dont j'ai besoin, c'est de légèreté et de douceur. » Or c'est peut-être la chose la plus compliquée à offrir à quelqu'un de traumatisé. Apporter quelque chose qui ne soit pas pesant, qui ne soit pas angoissant, qui ne soit pas contraignant, quelque chose qui porte l'espoir, l'optimisme, la gentillesse. Sans pour autant oublier.

La bienveillance des autres est donc primordiale, mais la sienne l'est tout autant.

Mais que signifie la bienveillance envers soi ? Sans doute se faire du bien, sans conflit, sans confrontation avec des circonstances qui raviveraient les souvenirs sordides et la tristesse, faire attention à ne pas se mettre en danger. Les deux syllabes « veillance » correspondent à cet état de vigilance pour anticiper tout ce qui n'irait pas vers le bien. Par exemple, éviter de regarder des émissions de télévision ou des sites qui renverraient au drame, ne pas se confronter à des personnes qui ne parleraient que du traumatisme. Progressivement, il faut s'habituer à faire des choses, se dire qu'il s'agit d'une renaissance, d'une reconstruction, le faire avec un regard nouveau sur soi-même, bienfaisant, devenir son propre patient. Dans mon cas, j'ai pu construire ce regard bienveillant avec les amis et le sport. Très vite, j'ai compris que pour être bien il fallait aller vers les amis qui portaient cette bienveillance. Fuir tous les contrariants, tous ceux qui n'avaient pas bien compris ou qui étaient impatients de me voir aller mieux ou qui ne me parlaient que de l'acte terroriste.

Pour cela, il m'a fallu comprendre et analyser avec l'aide des psychiatres et des psychologues tout ce qui faisait revenir les souvenirs traumatiques. Puis veiller à ce que les flashs des visions d'horreur et la mémoire traumatique ne soient pas réactivés par les circonstances ou les faits de la vie courante. Le sport, le yoga, la musique, les expositions, le théâtre m'ont permis d'obtenir des moments bienveillants.

Par exemple, j'ai beaucoup regardé de films drôles : Louis de Funès, Lamoureux, Fellini. J'ai revu les Buster Keaton. Et ça fait du bien. J'ai même trouvé une matière philosophique à *Fantômas* ! J'ai trouvé de la consistance dans la légèreté... Le fait de sourire, de rire, aide le cerveau à secréter des endomorphines, l'hormone du plaisir. Il en est de même en allant au théâtre : voir des pièces vivantes apporte de la chaleur, sans doute du fait que les acteurs, leur présence, portent l'instant vers une autre dimension. Pour se reconstruire, il faut accepter de rire et de sourire.

Je n'oublie pas les animaux : mes chats ! Ils ont été présents, même s'ils l'ont payé cher. Le soir de l'attentat du 7 janvier 2015, je ne suis pas rentré chez moi. Certaines personnes, pensant que j'étais rentré, avaient toqué à ma porte, avaient laissé des messages sous la porte. Et je pense que mes deux chats ont senti qu'il se passait quelque chose : lorsque je suis rentré, ils avaient déféqué partout, une sorte de défense animale. Lorsque je me suis assis, les deux chats se sont posés sur moi, comme pour me consoler... Ce qui n'était jamais le cas. Ils ont senti quelque chose de grave. La mort peut-être ? Ils ont vu que ça ne tournait pas rond. Mais ça a été une année difficile pour eux. Le stress, le monde qui venait me voir, en permanence. L'un d'eux a fait une rupture d'anévrisme six mois plus tard. L'autre s'est laissé mourir en trois mois. C'est fréquent, paraît-il, chez les animaux qui vivent ensemble. J'ai repris un chat qui allait mourir du coryza. Je me suis aperçu de l'importance de cette relation à la nature, à l'animal. Quelque chose de solide et de confiant. Une confrontation avec des éléments qui durent. Il y a une forme de plénitude à être confronté au chat. Et se promener dans la nature, la forêt, la montagne ou au bord de la plage offre une quiétude dont je ressens les bienfaits.

Il faut retrouver un élan, comme un cycliste qui redémarre. Pour lancer cette dynamique, il faut être présent et à l'écoute. Aider, se faire aider. C'est-à-dire faire ces petites choses qui vont adoucir le quotidien. Faire les courses de la victime, son ménage si besoin, se promener avec elle, partager des moments de convivialité. Il ne faut pas que cela soit trop long ni contraignant. En même temps, il convient de la laisser faire ce qu'elle veut. Si elle veut boire de l'alcool, il faut l'encadrer jusque dans l'excès afin de la ramener à la sobriété. Elle peut fumer des joints, mais il convient de l'encadrer. Attention ! l'alcool et le cannabis sont les faux amis du stress post-traumatique, car les deux aggravent à court terme les symptômes et risquent d'engendrer une dépendance.

Sans donner de leçon mais plutôt une méthode, il faut aller vers toujours plus de bienveillance. C'est une notion ample. La bienveillance, c'est aussi courir un semi-marathon, discuter avec un copain sur tel ou tel sujet même s'il y a désaccord, s'aimer quand même. La bienveillance est une notion étendue de la confiance et de la gentillesse. La bienveillance envers soi-même, cela signifie peut-être même, pourquoi pas, être content de ne pas parvenir à visser ou à clouer, de ne pas réussir à bricoler quelque chose de simple... De ne pas réussir et de le tolérer. De se réconforter. De se relier à la vie en tentant de s'écarter des objets perdus et du drame.

10

Déranger la souffrance

Au-delà du mot à la mode, la bienveillance est absolument essentielle. Chercher la bienveillance, la sienne et celle des autres, ne rend pas plus simple la relation à autrui. Au contraire, car il faut la rechercher : elle n'est pas toujours donnée ou acquise, n'est pas unique et varie selon les personnes. Le premier contact avec les autres, après l'attentat, se résumait pour moi à une seule question : « Ça va ? » Une question qui paraît anodine, mais qui est terrible lorsque 10 à 30 fois par jour, ou plus, il faut répondre « non ». Les gens qui ont été impliqués ou qui ont perdu quelqu'un sont incapables de dire : « Ça va. » Car « ça » ne peut pas aller. Moi, je dis sans arrêt :

« Je tiens. » Et cette réponse embarrasse tout le monde. Les gens ne savent pas quoi répondre. Ce n'est pas pour les prendre en défaut. Ils ne peuvent pas dire « Qu'est-ce qui ne va pas ? », ils le savent. Cette question était devenue un obstacle dans la journée. Mais elle est une habitude sociale. Un jour, un ami m'a dit : « Je suis heureux de te voir », et cette phrase m'a fait un bien fou. L'injonction avait disparu, remplacée par la plénitude de l'instant présent.

Il y a d'ailleurs quelque chose de paradoxal qui se joue dans le rapport à l'autre. À la fois un besoin de parler, mais dans le même temps une exigence de silence. Un besoin que l'autre doit respecter, absolument. Certaines victimes sont incapables de parler, elles ont besoin de garder le silence parce que quelque chose mûrit dans leur cerveau, qui va, à un moment donné, sortir, on ne sait pas pourquoi. On ne sait pas forcément avec qui. Mais le besoin de silence ne signifie pas que l'on ait envie de rester seul. On a profondément besoin des autres. Certains amis disent : « Je n'appelle pas, je ne vais pas le déranger, il doit être détruit, je ne vais pas l'emmerder. » Mais justement, la personne détruite a besoin de chaleur humaine. De se sentir entourée. Même appeler et dire « Je ne sais pas quoi dire » est absolument fondamental.

Par exemple, pendant à peu près quinze jours après l'attentat du 7 janvier 2015, j'ai eu 20 à 40 personnes chez moi. Tout le temps. J'avais besoin d'être entouré, que les gens viennent, que les gens discutent, que les gens papotent, rient, festoient. C'était vraiment très important. Je pense que c'est à rapprocher du besoin que j'avais eu de ne pas lâcher la main de la policière sur les lieux de l'attentat. Il y a un phénomène de meute. Pour ne pas avoir peur, il faut être avec du monde. Les gens te parlent, et ça rassure. Ils sont nombreux à m'avoir dit après : « On n'osait pas. On ne savait pas quoi dire, alors on a préféré ne rien dire. » C'est une version du *take care*, du « prendre soin de soi ». Quand vous avez vent d'un drame, il faut se manifester auprès de la victime. Même si tu n'as rien à dire. Même si tu te sens con. Je me souviens de mon ami Alain Baraton, venu à la maison, et qui m'a dit : « Je viens, je ne sais pas quoi te dire... » C'est tout. Ça m'a fait pleurer. J'ai reçu des SMS de gens que je connaissais à peine, des petits messages, c'était terrible. Je ne pensais pas que les smartphones avaient cette capacité de recevoir autant d'appels ou autant de messages !

Il est probablement nécessaire de garder attache avec un psychiatre et de rester avec ses amis, même si c'est pour garder le silence ou parler avec eux de choses anodines. Pendant un certain temps, quand les gens te parlent, tu répètes la même chose. À d'autres moments, il m'était doux de me promener avec des amis en me taisant. Le silence est la gravité du monde que l'on porte en soi. Il dit beaucoup du malheur. Un refus de témoigner. Un refus qui se réfugie dans le mutisme. Comme s'il y avait un interlude répétitif, une petite musique dans le cerveau qui insiste : « Ça n'est pas possible... ça n'est pas possible... » Dans le psychotraumatisme, le fait de parler et de dire les choses est extrêmement difficile. Il s'enclenche un automatisme verbal, un besoin de raconter toujours la même chose, un peu comme si l'on voulait arrêter le temps et le figer pour repartir en arrière. La répétition devient une boucle infernale très compliquée à empêcher. Il faut entendre cette répétition et la comprendre. D'abord, rester dans son cercle, le cercle dont on a l'habitude (les amis, la famille, les proches, ceux qui font du bien). Ensuite, consulter un psychiatre et un psychologue. Une fois plus stable dans ses émotions (il m'a fallu plus de trois semaines pour arrêter de pleurer en janvier 2015), on peut s'ouvrir à de nouvelles personnes. Ainsi la souffrance se trouve-t-elle déstabilisée dans son mécanisme et sa chronicité.

Le rôle du proche est aussi de déranger la victime dans sa souffrance. La simple présence est essentielle, nous l'avons vu. Il faut déranger quelqu'un qui est dans la souffrance et ne pas laisser s'installer une spirale de la douleur, tout en le protégeant pour qu'il ne souffre pas davantage. Déranger la souffrance. Créer du chaos dans l'ordre de la douleur. Cependant, n'importe qui ne peut pas te déranger dans ta souffrance. Seul quelqu'un qui a envie que tu t'en sortes peut se le permettre. Prenons le cas de personnes qui ne se sentent pas bien, ont du mal à vivre, à se promener, à sortir. Il y en a eu. Il y en a qui sont restés enfermés chez eux sans pouvoir sortir pendant des mois. Il est utile que quelqu'un vienne les chercher, les prenne par la main, les sorte, les promène, petit pas par petit pas. Il est en revanche complètement vain de tenter de leur dire : « Allez, il faut être fort ! On va faire ça ou ça. » Il ne faut pas les tirer, il faut suggérer, accompagner. Tu es bloqué dans ton cerveau avec le psychotraumatisme, qui tourne comme un petit vélo dans une cage sur les mêmes sujets. Tu ne peux pas ouvrir la cage. Si cela fait du bien, si tu peux partir quelque part où tu seras bien, où il n'y aura que des choses douces qui feront du bien, ce sera utile. Mais si tu te retrouves dans des situations de stress… Le stress qui s'ajoute au stress initial peut être terrible. On ne peut pas demander à quelqu'un qui a une fracture de la jambe de courir le 100 mètres ou de marcher sans béquilles ou sans chaise. Il faut donc protéger les victimes psychotraumatisées. Les déranger dans leur souffrance sans brusquerie, avec une immense bienveillance, et les laisser ainsi avancer à leur rythme.

Telle est sans doute l'une des pistes pour aider quelqu'un à se reconstruire. Déranger la souffrance, c'est ne pas la laisser s'établir pour que la névrose post-traumatique ne s'installe. Si nous prenons le cas de cette victime du Bataclan qui avait peur de retourner voir des concerts : il a fallu d'abord l'accompagner dans la salle, puis dans des endroits où il y avait une foule, puis à un concert. Depuis, elle va beaucoup mieux, même si elle n'a rien oublié car l'oubli est impossible.

11

Ne rien lâcher

Dans absolument tous les cas, il faut accepter d'être aidé, d'être porté par des professionnels, des psychiatres ou des psychologues. Il faut écouter les soignants ; il faut savoir où tu vas, comment tu y vas, et voir tout de suite des psychiatres. Des psychiatres ! Pourquoi ? Parce qu'il y a toute une logique sémiologique, ce que doit dire le thérapeute, qui est fondamentale. La science et la psychanalyse sont un apport essentiel. Les psychiatres possèdent le savoir des choses du mal pour aider la victime à aller mieux.

Toute une pharmacologie très complexe qu'il ne faut absolument pas négliger est accessible, mais doit être adaptée à chaque cas. Quand arrive un drame, quel qu'il soit, il faut accepter d'être pris en charge, accepter d'être une victime par la suite. Contrairement à ce que l'on dit, il n'y a aucune augmentation des suicides. Celles et ceux qui ne vont pas très bien ou qui prolongent anormalement les syndromes de stress post-traumatique allant vers la névrose post-traumatique sont celles et ceux qui ont refusé toute prise en charge médico-psychologique ou n'ont pas répondu aux traitements.

À l'inverse, les personnes qui répondent le mieux à la prise en charge et au traitement d'un traumatisme sont celles qui disposaient déjà d'un suivi psychanalytique, psychologique, qui ont l'habitude de verbaliser leurs maux. Elles savent qu'il faut aller parler. Il faut aller voir le psychiatre et trouver celui qui te correspond. Que ce soient les psychiatres militaires, civils, de l'hôpital, libéraux ou des centres hospitaliers spécialisés, il faut y aller, prendre son temps, même si l'on pense ne rien avoir à dire. Le silence dit parfois beaucoup de choses de la terreur. Pour le transfert mis en place, les compétences spécifiques du professionnel, l'apport de techniques comme l'hypnose, la sophrologie… il faut croire en son soignant et lui faire confiance. Ne pas lâcher les thérapeutes. Ne pas lâcher les psychiatres, les psychologues, car c'est long. Il est difficile de dire quand arrêter d'avoir ses rendez-vous avec soi-même, en quelque sorte, et son psychiatre ou son psychologue. Sans doute un accord entre toi et ton thérapeute. Une chose est certaine, il faut beaucoup de temps.

Dans les premiers instants de cette prise en charge, lorsqu'un psychiatre te dit : « On va vous garder, il y a un truc qui ne va pas », il faut l'écouter. Voir un psychiatre, c'est bénéficier du savoir actuel de la science psychiatrique. Il faut sortir des sarcasmes du psychiatre et du fou avec un entonnoir sur le ciboulot. Le psychiatre va essayer de rendre le cerveau disponible à la vie. Le souvenir du drame dort dans le cerveau. Lorsqu'elle se réveille, la victime, le patient, va devoir apprendre à le supporter avec des « armes » de défense psychologique pour ne pas retomber dans la sidération. C'est là que le besoin de parler devient crucial, même pour des personnalités qui n'y arrivent pas ou sont rétives à la thérapie. Les bien portants, ou ceux qui n'ont pas vécu le drame, ne comprennent pas qu'il faut du temps, ne saisissent pas les paradoxes dans lesquels la victime est enfermée.

Par mon métier de médecin urgentiste, j'ai toujours eu l'habitude de parler avec mes collègues et les psychiatres du service, après des interventions difficiles, des difficultés relation nelles avec des malades. Être urgentiste, c'est avoir une discipline psychologique rigoureuse.

Par exemple, en médecine d'urgence au Québec, selon les cas de prise en charge, le soignant doit obligatoirement avoir un entretien. C'est le cas aussi avec les psychologues d'entreprise dans certaines branches en France. Il n'en est rien pour les médecins qui sont « les cordonniers les plus mal chaussés ». Il faut une évolution des conditions de travail des médecins pour les soutenir et les aider à vivre tous les malheurs qu'ils voient, comme dans la police, chez les pompiers et les secouristes. Il est facile de croire que les soignants, connaissant la médecine, sont protégés. La blouse blanche serait une sorte de gilet pare-balles aux souffrances des autres. Nous serions des « super-héros ». Mais cela est totalement faux.

Après l'attentat, j'ai été pris en charge tout de suite par les psychiatres de la CUMP, puis à l'Hôtel-Dieu. Cet hôpital a joué un rôle clé, car il a permis en quelques heures d'accueillir toutes les victimes psychotraumatisées en plein centre de Paris.

Dans les premières heures, il a fallu dire et redire, raconter encore ce qui s'était passé. Les victimes se passaient des infos. Toutes voulaient reconstituer la chronologie et les faits. J'ai découvert que chacune avait vécu la même histoire mais l'avait verbalisée différemment. Certains avaient vu ou entendu des choses, d'autres non. Qui avait raison ? En fait, il faut envisager que le cerveau a court-circuité les enregistrements pour se protéger. La mémoire du drame est donc parcellaire, neuro-biologiquement fiable mais avec les fragments de réalité qu'elle a enregistrés. C'est là que l'hypnose peut jouer un rôle important pour aider la victime à comprendre ce qui s'est passé.

Raconter, c'est se remettre dans le présent du drame et expliquer au cerveau qu'il est désormais en sécurité. Les idées qui tournent en boucle, c'est comme un mouvement épileptoïde, une agitation permanente autour d'un objet unique. Une espèce de trémulation d'idée, avec de grandes peurs qui ne s'arrêtent pas. Tout peut devenir peur. Alors il faut rester dans l'atmosphère du soin, être aidé, parler, même si c'est pour dire toujours la même chose. Et il faut l'accepter. Même s'il faut passer par une hospitalisation.

L'essentiel est de réussir à casser la spirale infernale des idées effrayantes qui engendrent les peurs qui provoquent l'effroi et donc la neutralisation de la victime. Chaque victime réagit à sa façon. Et personne n'a tort. Il faut accepter, dans le psychotraumatisme, que des gens aient besoin de parler, besoin de pleurer, besoin d'être écoutés.

Par ailleurs, il faut protéger les victimes des journalistes si elles ne vont pas bien ; il faut les protéger des personnes de mauvais conseil. Nous avons vu arriver sur les lieux d'attentats des personnes sans qualification qui voulaient donner de l'aide. Souvent avec des techniques dites de « médecine douce » ou d'ésotérisme. Les médecins doivent protéger les victimes de ces personnes qui cherchent à les conquérir sur le terrain de leur désespérance.

Une victime doit faire confiance et rester entourée des soignants.

Quant au problème de la prise en charge des enfants, il s'agit de quelque chose de spécifique.

La terreur des attentats, ils en ont tous entendu parler et ont eu très peur. Par ailleurs, selon l'âge, les filtres entre l'information et eux ne sont pas bien formés. Il convient donc de leur expliquer.

En 2013, un homme s'était suicidé dans le hall d'une école du 7e arrondissement de Paris. Il s'était fait sauter la tête au fusil de chasse à 11 h 30, heure où tous les enfants entre 6 et 10 ans allaient à la cantine. À notre arrivée, avec le Samu de Paris, tous les enfants couraient dans la cour. On aurait dit une fourmilière ayant reçu un coup de pied. Notre présence, avec les tenues du Samu, mais aussi celle des pompiers et de la police ont calmé l'agitation. Très vite, les enfants se sont regroupés autour des soignants. Ils avaient besoin de savoir. Une grande lucidité les avait envahis. Ils se demandaient s'il était venu pour leur faire du mal. La réponse était non. Certains craignaient que d'autres individus ne viennent les attaquer. La réponse négative les rassurait, bien que des parents, alertés par l'école, aient parfois nourri cette peur. Pendant deux jours, les psychologues et les psychiatres sont venus voir les enfants, les parents et les enseignants. Tous les médias étaient devant l'école, ce qui a d'emblée donné une dimension médiatique et sociétale. Après les nombreux entretiens, la situation s'est calmée. Quelques enfants ont dû être suivis plus longtemps car ils développaient des comportements phobiques. Je me souviens d'une petite fille qui est arrivée un matin et m'a pris la main en me disant : « Mon papa et ma maman m'ont dit de rester avec toi, comme ça il ne m'arrivera rien. » Ce fut très instructif, car elle assistait à toutes les discussions avec les autres enfants et a fini par intervenir elle-même pour expliquer que le danger était terminé et qu'ils ne devaient plus avoir peur.

Il en est de même avec le terrorisme. Il faut leur expliquer sans en rajouter ni en enlever.

De toute façon, les enfants ont leur radio : c'est la cour de récréation à l'école, où ils en parlent. L'Éducation nationale a fait des exercices de simulation d'attaque pour leur apprendre à rester calmes sous les tables. Je crois que c'est une bonne chose et que les enfants peuvent parfaitement comprendre le danger du terrorisme islamiste.

Bien entendu, il y a le deuil des enfants qui ont perdu leur papa ou leur maman ou un parent dans un drame. Il ne faut pas les laisser à l'écart ou leur masquer la vérité. Il faut leur expliquer et les amener à consulter des pédopsychiatres ou des psychologues spécialisés. Ceci afin de les soutenir dans le deuil qu'ils vont faire et de les aider à continuer à vivre et à poursuivre leur construction.

Pour les plus petits, la discussion peut être amenée par les jeux, les dessins ou les promenades. Quoi qu'il en soit, il ne faut pas laisser l'enfant seul et l'accompagner le plus possible pour comprendre ce qui s'est passé, en lui disant la vérité, ce qui lui permettra de mieux vivre.

La psychiatrie est liée à la reconstruction. Mais la spécificité de la psychiatrie du post-traumatisme tient à ce qu'elle doit encore plus accompagner la reconstruction en particulier s'il y a un handicap et une reconversion professionnelle. Toute la notion d'accompagnement des victimes est fondamentale. Si les structures de soins laissent sortir une victime, par exemple handicapée, sans rendez-vous avec un spécialiste ni prise en charge psychologique, elles ne font pas un travail de qualité. Il convient donc d'avoir des critères de qualité sur les soins qui incluent globalement le sujet dans sa composante médico-psycho-sociale.

La psychiatrie militaire a ceci de spécifique qu'elle connaît parfaitement les psychotraumatismes et les traumatismes de guerre et sait comment aider les victimes blessées par des armes de guerre à se réadapter. Non que le civil ne sache pas le faire ; c'est juste une question de bonnes pratiques et d'habitudes. Les militaires connaissent ces drames de guerre, ces sidérations de groupe, par exemple lorsque des soldats sortent vivants d'une embuscade où leurs camarades ont été tués. Ils savent écouter des soldats qui ont été sous les bombes ou le feu ennemi. Nous devons donc renforcer les liens entre médecines militaire et civile.

Dans tous les cas, quelle que soit la forme qu'il prend, il faut s'appuyer sur le soin, accepter d'être aidé et ouvrir ainsi la porte de la reconstruction sans rien lâcher de ce que nous avons été, de ce que nous sommes, des êtres blessés dans une Nation vaillante, courageuse, forte et humaniste, dans la droite ligne des Lumières.

12

Bâtir des bulles

Il y a des instants où je rêve de plénitude, de m'arrêter sur un pont, le pont Royal qui offre une perspective magnifique sur Paris, et de rester là. Des heures durant. Regarder. Se taire. C'est sans doute cela la méditation, au fond : réussir à créer une énorme bulle dans la tête, quelque chose de léger, de simple, de bienveillant pour prendre soin de soi. Une bulle qui aide à respirer et chasse les idées de peur et de terreur. Retrouver la douceur des moments d'avant le drame, détendre ses muscles, les étirer, être serein et empli d'énergie positive, avec des milliers d'envies de douceur, d'odeur, de toucher et de joie.

En plus d'être soutenu par la psychiatrie, il faut continuer comme on peut à faire ces petites choses. De toutes petites choses, que j'appelle des « bulles ». Par exemple faire du sport : yoga, course à pied, vélo. J'ai fait énormément de sport, non pas pour devenir un géant mais pour détendre les tensions. Je ne suis pas partisan de « l'esprit sain dans un corps sain » : c'est totalement débile. Pourquoi pas « un mauvais esprit dans un mauvais corps » ? Et qui sait ce qui est bon et mauvais ? Mais comme le chantait Brel, il faut « que le corps exulte ». Que quelque chose se passe physiquement : courir, faire du yoga permet d'atteindre ce que j'appelle des « bulles de sérénité ». Mais tous les sports peuvent y mener. Ce sont des moments où l'on est tranquille et serein, de tout petits moments où, d'un coup, on n'y pense plus, plus du tout, où l'on ressent de la douceur, des ondes positives. Ce sont, certes, de tout petits, petits instants. Mais il est extrêmement important, pour les victimes de psychotraumatismes, de les sentir et de savoir les provoquer. Ces éléments contribuent à la construction du « pont » qui permet de s'en sortir, un petit pont qui va faire dériver le temps – cet instant qui ne te lâche pas – et qui t'ancre dans l'actuel, le présent. Quitter le présent figé de l'attentat pour le présent continu, celui qui construit la vie.

Le 7 janvier 2015, il y avait une boîte de production en face des locaux du journal, Premières Lignes Télévisions. Toute l'équipe a été exemplaire et courageuse. À chaque fois que je rencontre l'un d'entre eux, que je ne connaissais pas avant, j'éprouve un grand sentiment de tendresse et d'affection, comme si quelque chose me liait à ces gens. Ces rencontres forment ces bulles qui peuvent constituer les grains de sable qui pourraient devenir par moments des plages de bonheur.

Le sport offre également cette forme de satisfaction et apporte quelque chose de fort, qui aide à bâtir ces « bulles ». Après vingt à quarante minutes d'effort physique, on passe physiologiquement d'un état d'aérobie à un état d'anaérobie, le modèle de fonctionnement change, le corps s'adapte. L'organisme s'adapte au manque d'oxygène, à l'effort physique, et c'est là, avec les sécrétions des endomorphines et des enképhalines à l'intérieur du cerveau, que l'on va chercher cette douceur. Ces hormones inhibent la perception de la douleur du sport. On peut donc courir longtemps, nager longtemps, ça fait du bien. C'est sans doute pour cela que certains disent que les sportifs sont des drogués du sport ; même pour quelqu'un qui n'est pas sportif, cette sensation est accessible. Il suffit de s'y mettre en faisant ce qui nous plaît le plus et d'aller à son rythme, sans chercher la performance ou la suprématie.

Cette petite construction sportive se conduit par touches progressives. C'est pour cette raison que les techniques de relaxation du yoga sont importantes. Dans le yoga circule l'idée absolument merveilleuse de la méditation. Le mieux est de l'appliquer lorsque tu fais du sport, quel qu'il soit. Si une idée arrive, bonne ou mauvaise, je ne l'active pas, je laisse passer, je n'alimente pas, notamment, les idées noires. Exercice extrêmement utile dans le cas des psychotraumatismes. Pour le yoga comme pour la course, je fais ce que je peux. J'étais aussi souple qu'une table en fonte. Je ne courais pas, et désormais je fais des 20 kilomètres avec cette foule si populaire de sportifs bien dans leur environnement. J'ai même réussi, grâce au yoga, à faire partir les flashs en créant une toute petite bulle. Et ce qui était amusant, c'est qu'avec ces techniques de relaxation je m'endormais en plein cours. Il fallait que je fasse gaffe parce que je ronflais. Ça faisait rire tous les yogistes.

La méditation et les techniques du yoga apprennent à calmer l'esprit, le mental et à se créer un espace intérieur de sérénité. D'ailleurs, toutes les stratégies d'étirements, de relaxation, de kinésithérapie, d'ostéopathie puisent leurs racines dans cette culture ancestrale du yoga.

Ce n'est pas une heure par semaine que j'ai dû faire, mais une heure par jour. Le corps a ses douleurs que la souffrance va calmer. En effet, toutes les manifestations psychosomatiques, du mal de dos aux douleurs de sciatique, des crampes aux douleurs abdominales, une bonne pratique régulière du yoga peut y remédier. Car la souffrance générée par l'effort physique va canaliser les douleurs psychosomatiques du corps.

Les psychiatres me l'avaient fortement recommandé et ils avaient raison. Il ne faut pas avoir peur de se retrouver à côté de yogistes confirmés et capables de vous parler en étant sur une main, le corps regroupé telle une figure de Picasso. Le ridicule ne tue pas et au yoga il n'y a ni compétition ni jugement des autres.

La technique de méditation est beaucoup plus difficile à atteindre, car cela tient d'une gymnastique et d'une souplesse de l'esprit. Lorsqu'une idée vous vient à l'esprit, le cerveau va l'entretenir, s'accrocher à elle, l'abreuver de pensées et d'analyses, un peu comme une crise d'épilepsie tétanisant le cerveau et la pensée. Évidemment, c'est aussi le cas dans le psychotraumatisme qui fige le cerveau dans une pensée récurrente et répétitive, et toujours orientée vers le stress.

Arriver à se relaxer, « faire le vide », permet de parvenir à une plénitude de l'esprit. Rejeter la pensée obsessionnelle d'autant qu'elle est morbide. Mais attention : cet état est compliqué à atteindre et il te faut trouver un bon professeur de yoga et un lieu agréable. Le lieu est surtout une question personnelle. L'enseignant doit être calme, généreux, sans théâtralité, sans sarcasmes ni moqueries, prévenant, motivant et attentif.

Simplement, les techniques développées par le yoga peuvent aider. Des études prospectives et scientifiques donnent, à coup sûr, une meilleure guérison pour les maladies cardiovasculaires ou chroniques, comme le cancer, pour les personnes faisant du yoga ainsi qu'une psychanalyse.

J'en conviens, ce n'est pas dans la culture de tout le monde, et se retrouver en short et en tee-shirt sur un petit tapis dans le silence peut dissuader ceux qui n'ont plus d'activité sportive depuis des années ; mais justement, allez faire du yoga, vous serez étonné du bien-être et de la légèreté qu'il peut apporter.

Le premier concert où je suis retourné après les attentats fut celui de Bénabar. Difficile alors de me concentrer et de rester dans l'allégresse du show et de ses formidables chansons, mais les quelques instants où j'ai pu me concentrer sur le spectacle m'ont fait le plus grand bien. C'est ce qui m'a permis de reprendre le chemin des spectacles vivants.

Le rire est une bulle aussi fondamentale. Ma stratégie est d'aller au théâtre ou de regarder de vieux films. Certains diront qu'il faut essayer le rire thérapeutique... Je ne l'ai pas fait pour ma part, mais j'ai un handicap car j'associe le rire à mes amis disparus et c'est parfois glacial. Mais voir un spectacle de Pierre Douglas, de Josiane Balasko, de Sophia Aram, de Stéphane Guillon... fait toujours rire et il faut, dans ces cas-là, se laisser porter par cette simplicité du rire.

Mais il importe, je le crois, également de s'ouvrir à des horizons. L'art permet cela et offre des voyages intérieurs. L'art apporte beaucoup après un drame. Probablement que le psycho-traumatisé a besoin de ce calme des musées, de ces havres de paix que sont les espaces créés pour contempler les œuvres. Aller dans les musées par exemple, et d'un coup, sans que l'on sache pourquoi, rester assis devant une toile, devant une sculpture, devant des photos. Il faut de la contemplation pour vivre.

Je suis allé voir la poésie des spectacles de François Morel, les spectacles de danse de Philippe Decouflé, les pièces de Michel Fau, celles de Jean-Michel Ribes au Théâtre du Rond-Point, écouter la musique de Niki Niki, de Mélodie et Pierre Le Bourgeois. Chaque moment artistique qui permet d'ouvrir son esprit est une bulle de bonheur.

Voilà ce vers quoi tu dois tendre : de petits espaces dans le temps qui te permettront d'adoucir la dureté de la vie et le psychotraumatisme.

Il n'y a pas de méthode pour acquérir ces bulles, ces espaces où le cerveau décroche de l'horreur et des idées répétitives. C'est un apprentissage long et difficile.

13

Le champ des possibles

Comme dans la chanson de Bruce Springsteen, « The Rising », après l'attentat « je ne peux rien voir devant moi, je ne peux rien voir venir derrière, je fais mon chemin à travers cette obscurité, je ne peux rien sentir à part cette chaîne qui me tient... sur mon dos une pierre de soixante livres ». Tout était devenu étouffant et pesant, et la question se posait : que faire maintenant ?

Au tout début de ma reconstruction, j'ai fui ceux qui n'étaient pas de mes proches. Je fréquentais les gens qui savaient la douleur, ceux qui étaient attentifs et bienveillants. Avec eux, pas besoin de se répéter : ils connaissaient l'histoire, autorisaient les silences, m'encourageaient à aller voir les soignants. Aussi, je me méfie des gens qui viennent à moi pour l'unique raison que j'ai été victime d'attentat, un peu par voyeurisme ou pire : pour aggraver la situation, ceux qui ont envie d'en parler pour savoir. Ces gens font un transfert de leurs problèmes sur la victime. Terriblement dangereux. Il faut les fuir. Ils se structurent en médecins, essaient de capter le malheur des autres et proposent souvent n'importe quoi.

Et puis il y a les cons, les maladroits. Les cons qui pensent que c'est fini, que ce n'est plus la peine d'en parler. Ceux qui pensent qu'il y a un plan média ou un bénéfice à tirer du drame. Impossible d'avoir confiance en un « con » pareil ! Ce n'est pas forcément que cette personne est plus bête que la moyenne, c'est juste que son comportement est totalement inapproprié. Inadapté. Et puis ceux qui auraient voulu que je sois tué. L'anecdote m'a été rapportée par deux fois. Une personne faisant partie d'un syndicat d'anesthésistes aurait déclaré : « Les terroristes ont raté Pelloux » ; un professeur parisien siégeant à la commission médicale d'établissement aurait dit : « Ils auraient pu tuer Pelloux aussi ! » Même dans l'horreur, vos ennemis n'ont aucune pitié. Il faut vous en méfier et ne jamais rien attendre d'eux. Je ne suis resté qu'avec mes amis. Impossible de faire rentrer qui que ce soit dans le cercle des intimes. Le temps est nécessaire pour acquérir la confiance, l'amitié, l'amour. De plus, du fait de ma notoriété, les importuns et autres profiteurs sont venus en force. Il faut les fuir. Il ne s'agit pas de s'interdire de rencontrer des gens, mais il est nécessaire de mettre des barrières. D'être vigilant. Mon seuil de tolérance vis-à-vis de nouvelles rencontres a été nul pendant au moins douze mois. Surtout avec celles et ceux que je ne connaissais pas et qui voulaient me faire parler de l'attentat ou du journal, et ne parlons même pas des ignobles insultes sur la fachosphère.

J'ai des collègues du Samu qui ont demandé que j'arrête de travailler au Samu de Paris parce que je représentais un risque pour eux. Le fond de leur pensée sans fond. Ce fut absolument épouvantable pour moi, car je devenais le médecin à fuir. Quand cela arrive, ces horribles personnages n'existent plus pour moi, car leur véritable personnalité m'est apparue. Ils peuvent être là, mais ils n'existent plus. Ils sont si peu présents dans ma vie qu'il n'y a même plus de colère. Juste de l'indifférence. L'institution a été ferme et m'a confirmé dans mes fonctions avec le soutien de 99 % des équipes des urgences. Et tu iras « cracher sur leur tombe » de ceux qui te haïssent au point de vouloir ta mort. Il vaut mieux les ignorer. Et fuir. Fuir cette situation. Exactement pareil lorsqu'il y a un décès et que survient la succession. Je ne connais pas une famille où elle se soit bien passée. Les notaires peuvent raconter combien de familles ont explosé au moment de l'ouverture du testament ou des règlements de la succession. Tout cela, en cas de psychotraumatisme, il faut le fuir et accepter de prendre beaucoup de distance, jusqu'à atteindre la belle indifférence.

Les « cons » sont partout et les « cons » ne s'arrêtent pas d'exister parce qu'on a été victime. Au contraire même, ils jouissent du fait que tu as été meurtri. Tes ennemis restent tes ennemis. Ils ne font aucun cadeau. Rien.

L'indifférence tient de la sagesse. Quelqu'un t'en veut, raconte n'importe quoi sur toi, ment ? L'indifférence. Il n'existe pas. Et c'est tout. Ces gens n'existent pas. Il y en a même à qui je sais que je peux parler, mais... Ils ne sont pas là ! C'est le point de non-retour de la relation. La haine est consommatrice d'énergie et crée toujours des effets négatifs sur soi-même. Or, pour te reconstruire, tu dois te concentrer sur l'optimisme et aller vers les objets qui sont sans haine ni contrariété.

Il faut fuir toutes ces contrariétés, ne pas hésiter à fuir même des amis qui sont maladroits et mettre la relation en veilleuse. C'est là que l'on commence à mettre le mot « protéger ». *Il faut se protéger*, qu'est-ce que cela veut dire ?

Les nombreuses victimes du Bataclan ont évité de retourner dans les salles de spectacle. Par peur.

Certaines développaient en plus des conduites d'évitement, s'éloignant par exemple des trottoirs des salles de spectacle.

C'est en se faisant accompagner, notamment de psychiatres et psychologues, que beaucoup ont pu de nouveau entrer dans les salles. Le soir de la réouverture du Bataclan, certaines victimes sont restées bloquées devant le seuil, comme paralysées. Il a fallu les accompagner en leur tenant la main, ne pas les laisser longtemps, sortir puis entrer de nouveau. Ainsi protégées, elles ont pu progresser ce soir-là.

Je vais toujours aux commémorations des victimes. Je m'installe parmi la foule. Les gens sont respectueux. Ils me reconnaissent un peu mais ne disent trop rien. Les plus courtois te disent bonjour avec retenue. C'est très bien et convivial. Ils marquent le coup en disant : « Bonjour, je suis content de vous voir. » Mais il y a toujours un « casse-couilles » qui vient dire : « Alors, c'est dur ! » Pourquoi viens-tu me dire ça ? Oui, c'est dur. Et puis on ne se connaît pas ! Il faut aussi se méfier des gens qui viennent par compassion, par pitié, des intrusifs. Il faut savoir les éconduire gentiment... Une vigilance permanente née du psychotraumatisme et qui est un mécanisme de protection et de sécurité s'est mise en place. Elle peut durer plusieurs années. Il ne s'agit pas d'être paranoïaque mais de rester sur ses gardes pour se reconstruire.

La bienveillance apprend à reculer, à contourner l'obstacle pour ne pas l'affronter. Parmi les gens qui ne sont pas bénéfiques, on compte les médias. Je les ai fuis pendant un an.

Pendant toute une année, j'ai arrêté de paraître. Les médias n'ont pas compris ce que représentait la souffrance des victimes. Après les attentats, les chaînes d'information en continu passaient leur temps à montrer des images de propagande de Daech sans préciser la nature de ces images. Je ressentais cela comme une agression. J'avais l'impression que mon pays avait été pris par Daech. Que Daech avait envahi la télévision aussi, que le radicalisme islamiste devenait tout-puissant en France. C'était horrifiant. Encore plus dans un pays de laïcité comme le nôtre. Cela m'a conduit à progressivement éteindre la télévision. J'étais adepte de la «messe du 20 heures» et j'ai totalement arrêté. Peu à peu, j'ai coupé la radio aussi. Je picore les nouvelles le soir en achetant *Le Monde* ou, le matin, *L'Humanité* ou *Le Figaro* et en regardant Internet. Je cherche toujours les informations sur les attentats, les progrès contre les islamistes, les terroristes abattus, la géopolitique...

Parmi les erreurs, les choses dont il faut se protéger, les agressions possibles qu'il faut fuir, les mauvais réflexes : utiliser trop de médicaments. *Il faut une bonne nuit de sommeil ;*

il n'y a qu'à prendre des médicaments. Mais les médicaments ne changent rien s'il n'y a pas un accompagnement par des psychiatres. Certains des psychologues estiment tout bonnement que cela ne sert à rien, que c'est psychiatriser le deuil qui reste un phénomène naturel de la psychopathologie. Cependant, il faut noter que nous ne sommes pas dans un deuil banal avec ces morts par attentat. Pour certains, la prise de médicaments, dans ce cas, est une erreur. Il faut accepter de ne pas dormir, laisser faire l'individu, son corps. Je suis convaincu que le sommeil est l'une des clés pour aller mieux. Il est essentiel de le rétablir. J'ai gardé des troubles du sommeil majeurs. La fatigue devient ton ombre. Il faut combattre, par tous les moyens possibles, les troubles du sommeil. Que ce soit par l'acupuncture, l'EMDR, l'étiopathie, l'ostéopathie ou encore par des tisanes... Pas de reconstruction sans avoir une qualité de sommeil améliorée, sans cauchemars ni réveils précoces. D'autres, dans les premiers temps, disent clairement : « Il va falloir prendre des médicaments ! Prends ci, prends ça. » En fait, je ne suis pas sûr que les benzodiazépines – les anxiolytiques – et les hypnotiques soient appropriés aux psychotraumatismes, et les bêtabloquants n'ont pas fait leurs preuves. Les choses doivent se faire au coup par coup. Parce que le cerveau lutte pour aller mieux et son alchimie complexe nécessite une adaptation quasi quotidienne des molécules données au patient pour aller mieux, notamment en favorisant le sommeil. Avec les benzodiazépines ou les hypnotiques, on se réveille encore plus fatigué car la demi-vie des molécules (le temps pour l'organisme de les éliminer) est longue, et plus vous en prenez, plus vous vous enfoncez dans une sorte de sensation cotonneuse. Au final, ces traitements nécessaires doivent être adaptés et ne signifient pas qu'on abandonne la victime à son triste sort avec ses médicaments. Les médecins doivent réévaluer sans cesse le traitement (ce qui est d'ailleurs vrai pour toutes les maladies !).

Quant aux antidépresseurs, la question de leur adéquation au cas du stress post-traumatique se pose. Ces molécules puissantes doivent être prescrites par des spécialistes après une étude minutieuse du cas et du bénéfice-risque, mais surtout de l'évolution de la névrose post-traumatique. Le traitement chimique du psychotraumatisme n'a rien d'automatique et chaque victime est un cas particulier, très fragile, à prendre en charge.

Comme je l'ai dit précédemment, la reconstruction ne peut se faire avec les illusions que procurent des substances artificielles, parmi lesquelles l'alcool.

L'alcool agirait comme un frein au processus de cicatrisation cérébrale. Son côté anxiolytique est une illusion. Plus profond devient ensuite le syndrome anxieux qui engendre à nouveau le besoin créant une spirale infernale qui aggrave les symptômes de la victime. Il en est de même avec le cannabis.

Il faut se protéger de ces paradis artificiels et se reconstruire par petites touches. Comme dit Bruce Springsteen dans « The Rising », il doit y avoir une volonté profonde de remonter : « Allons tous nous élever, allons-y, pose tes mains dans les miennes, allons tous nous élever. »

Un psychotraumatisme engendre une destruction de soi et nécessairement une reconstruction. Chaque destruction contient déjà sa future reconstruction. Se protéger des aggravations qui te font sombrer dans la désespérance est essentiel. Ce n'est facile pour personne, même pour les amis, les frères, les sœurs, qui accompagnent cet acte de renaissance.

Écrire ce livre n'a pas été simple. J'ai perdu l'usage de l'écriture pendant presque un an. À tel point que je ne me voyais plus poser une phrase, un mot. Faire ce livre est une sorte de rédemption. Écrire est un acte intime, fastidieux, viscéral. Il m'a fallu vaincre les démons de la peur, les flashs, les troubles de concentration et du sommeil afin de commencer cette écriture. J'ai voulu porter cette expérience du soignant blessé psychotraumatisé, avec mon analyse de médecin, afin de servir la reconstruction des victimes.

Je ne dis pas que la reconstruction est facile après un traumatisme, bien au contraire. Mais avec de la protection et du temps, se reconstruire et en quelque sorte renaître, cette sorte de résilience, est possible.

14

Faire du souvenir sur du souvenir

Tout a existé, mais c'est fini. Les souvenirs restent, plaqués, collés, figés. Les souvenirs sont bons ou mauvais. Ils reviennent sans arrêt vous river au désespoir, à la disparition. Un paradoxe d'images, de moments de bonheur confondus avec le désespoir le plus grand. Les souvenirs viennent confronter en permanence le survivant ou le parent de la victime au passé, à une période où le drame, ou cette terreur de l'attentat et de la mort, n'existait pas. Sans cesse, vous êtes ballotté dans une espèce de flot continu d'informations contradictoires : des souvenirs matériels, des souvenirs d'événements et des souvenirs sentimentaux. Vous alliez manger dans tel restaurant et c'était formidable. Vous alliez au cinéma, au théâtre... mais tout cela n'est plus. Les outils modernes nous permettent de fabriquer des images et des souvenirs plus qu'aucune autre époque de l'humanité. Mais que faire de ces flux pour aller mieux et se reconstruire ? Où est le fantasme du souvenir qui nous raccroche au rêve ? Les souvenirs deviennent-ils les démons du sujet qui les garde ? Doit-on les garder ? Comment l'imaginaire va-t-il fantasmer les souvenirs ou construire le futur ?

J'ai des souvenirs de cette rue Nicolas-Appert où se situait le siège de *Charlie Hebdo*, du déménagement, des cafés et restaurants tout autour. Des milliers de souvenirs avec les disparus et cette angoisse pugnace de les perdre ou de les oublier. La mémoire se souvient de plus de choses qu'il est possible d'imaginer ! Mais la peur d'une amnésie ne me quitte pas. Par exemple, chaque jour me reviennent des souvenirs avec Charb qui, régulièrement, traverse mes rêves... Si je suis fatigué, des images horribles apparaissent, puis des cauchemars fracassent mes nuits. Il suffit de croiser un Vélib' et je me souviens de mes retours nocturnes dans Paris. Et ces moments si drôles à la

Fête de l'Huma... Bref, je pourrais en écrire des livres entiers. Mais alors, que faire ? Avec Cabu, je me souviens de nos discussions sur la politique et des parties de fous rires sur l'actualité. À chaque fois que j'achète des gâteaux, il est là. Car il aimait tant les desserts ! En corrigeant mes textes, je pense à Mustapha Ourrad qui était correcteur au journal et avec qui je parlais régulièrement de mes fautes d'orthographe. À chaque fois qu'une femme passe, je pense à Wolinski... Ça fait beaucoup certes, mais il était généreux ! Je vois un dessin en noir et blanc et Honoré surgit. Je me souviens de tous les échanges que nous avions, de son humanité légendaire et de sa bonté sans faille. Je suis resté très attaché à certains membres des familles, comme à celle de Bernard Maris. Il m'a été permis de parler de lui à quelques colloques, comme à Sciences Po Toulouse. C'est toujours avec beaucoup de peine que je pense à lui et c'est me souvenir que je l'écoutais le vendredi matin sur France Inter dans la matinale de Patrick Cohen. Et Chloé, femme de Tignous, si courageuse, qui fait vivre son œuvre avec une rigueur et une poésie qui font honneur à son intelligence et à son talent. J'écris ce livre et j'entends la voix d'Elsa Cayat, psychiatre et psychanalyste de très grand niveau. Enfin, bien sûr, les survivants, comme tous ceux de *Charlie Hebdo* qui font du bon boulot. Et les souvenirs sont nombreux à se fracasser contre un mur, celui du jour de l'attentat qui arrête toute plénitude de la mémoire. Je suis resté très attaché à eux.

C'est un travail de se souvenir. Il faut s'approprier ses souvenirs par leurs bons côtés et éviter qu'ils ne soient reliés à la terreur. Un lieu où vous aviez partagé un moment joyeux, un restaurant : il faut décider d'y retourner et d'y retrouver du plaisir en dépassant la nostalgie.

Retourner là où vous aimiez manger ensemble et se dire : *Je retourne là, à la même table, et la vie continue. Elle n'est plus la même ; il y manque quelque chose, mais le présent est là*. Il faut accepter le manque, l'amputation qui fait désormais partie de soi, mais il faut aussi comprendre que nous poursuivons un chemin à force de mémoire. Il faut envahir nos souvenirs. Ne pas les changer, mais les envahir, les occuper comme une armée occupant le terrain pour le sécuriser pour qu'il ne soit plus agressif.

De toute façon, on est pris dans une injonction paradoxale. Je ne suis pas mort. Je suis vivant. Je n'ai pas été assassiné. Je ressens de la joie de vivre. Tout à coup, je trouve de l'intérêt en toute chose. C'est merveilleux d'être au café et de boire un thé ou un verre de vin avec des amis. Quel bonheur d'être au Café de Flore où tu observes ce bois massif, ces vitres, cette présence de l'histoire. Tu *sens l'histoire de la vie*. Tu devines que Jean-Paul Sartre était assis là ! Tu évolues dans un lieu qui possède une conscience. Marcher dans Paris. Marcher plus lentement pour en savourer chaque nouvel élan et relation avec l'histoire et le présent. Je suis devenu plus contemplatif qu'avant. Une forme de joie s'est déployée. Je redécouvre le monde, les arbres, les rues. Les choses ont un sens différent car les souvenirs ne sont jamais loin. Il n'y a pas un coin de Paris où je n'aie un souvenir avec Charb. Nous avions cette passion des rues de Paris, de cette ville révoltée, révoltante, chaleureuse et austère, qui roupille sur les pavés et fourmille d'évolutions dessous. Avec Charb, nous avons ri plus d'une fois des Parisiennes et des Parisiens, jeunes ou vieux, *fashion victims* ou beaufs de première. Les souvenirs ne sont pas pesants : ils doivent servir d'énergie, de moteur, pour conquérir un présent heureux et accepter d'être vivant. Pour faire du souvenir sur le souvenir, je vais dans ces endroits, notamment avec mon amie Zineb El Rhazoui. Sa présence est chaleureuse et nos discussions sans fin sur le radicalisme islamiste et les problèmes de notre société, passionnantes.

Comme il existe un fond « dépressogène », le fond de dépression du deuil, qui est naturel à tout drame, étrangement ce besoin de vie décuple, cette flamme vient rééquilibrer les pulsions contraires et fait que, soudain, ça va... Ce n'est pas facile, et parfois il faut se mettre de grands coups de pied au cul. Reprendre sa vie antérieure est une évolution, mais les souvenirs ne doivent pas l'empêcher. Il n'y a aucune recette. Il convient de *s'obliger*. Il faut se dire : *Voilà, je vais au travail* ; *je vais au sport* ; *je vais voir le psychiatre*. Chaque acte doit être transformé en force positive. Pourquoi ? Parce qu'on ne redeviendra jamais comme avant, mais qu'il faut tendre à reprendre certaines habitudes. Autrement. Par exemple, retourner sur les lieux du drame avec des proches pour vaincre sa peur, son appréhension de la confrontation à l'objet perdu. Ou encore, continuer à aller prendre un café au bar où vous aviez des habitudes, mais avec d'autres personnes. Si ce n'est pas possible, il faut remplacer ces habitudes par d'autres rituels, qui doivent être tout aussi amicaux et bienveillants.

Rien n'empêche les personnes qui ne peuvent se déplacer ou qui sont plus âgées d'instaurer d'autres repères pour sortir de la spirale de la névrose post-traumatique. Rassembler les objets du défunt pour en faire un rite, pour les artistes et écrivains disparus des musées ou des livres sont des moyens de travailler les souvenirs dans le présent. L'appropriation des souvenirs dans le réel comble la blessure narcissique qui est en nous. Refaire du souvenir sur le souvenir : retourner là où il y a eu de bons moments pour que l'imaginaire se décloisonne et recommence.

Subsiste le phénomène de deuil, de manque. De cette immensité terrible, ce manque. Une plaie qui cicatrise lentement. Une marque indélébile. Il faudra toujours vivre avec. Peut-être arrive-t-on à mieux vivre un jour, mais l'oubli est impossible.

En fait, il faut accepter de renaître. Il faut accepter cette « re-naissance ». Le mot semble convenir. Ce n'est pas une naissance où tout est blanc, où tu es un tout-petit. Non, ici il faut joindre le préfixe « re » : il s'agit d'une continuité. Une greffe en quelque sorte, avec un élément nouveau : l'absence du défunt et la reconstruction. Il faut reprogrammer le cerveau. Reconfigurer l'horizon. Notamment pour les personnes victimes de handicap physique. Plus rien ne sera comme avant. On vit avec son handicap, avec ses douleurs, le membre manque, les déficits sont présents... Arrivent une sorte de nouvelle peau, sa nouvelle figure, des douleurs, la démarche, se mouvoir avec des cannes ou dans un fauteuil... les habitudes se créent doucement. C'est triste, terriblement, mais ça fait partie de l'être que tu es devenu. Et ces blessures handicapantes physiquement se poursuivent dans la tête. Il doit y avoir ces phénomènes de cicatrisation qui sont très longs, quelle que soit l'approche psychanalytique, phénoménologique ou neurobiologique.

Il s'agit d'une renaissance lente, heurtée et compliquée, car le cerveau va devoir se reconstituer, se régénérer, se reconstruire et rebâtir quelque chose de manière très lente en calmant les stimulations de la mémoire, du stress post-traumatique et en les apprivoisant pour que cette mémoire traumatique ne rende pas la vie impossible.

Pour cicatriser, il faut du temps. Il faut du temps parce que cette reconstruction doit tenir compte de l'effondrement. Et personne n'aura le même temps qu'un autre. Là où les proches voudront aller vite, la victime mettra du temps, par exemple, pour se décider à venir à un dîner, à aller se promener, à se rendre au spectacle... Il convient de respecter sa temporalité, tout en aidant à faire des gestes nouveaux, ce qui demande de la patience.

Dans notre société, tenir, c'est déjà compliqué, mais alors bâtir... Ce n'est vraiment pas facile. Pourtant, être là, chaque jour, revient déjà à bâtir. Il convient d'agrandir chaque jour un peu plus ce que l'on fait.

Un peu comme s'il s'agissait de reconstruire dans une zone sismique après un séisme. On ne peut pas reconstruire comme c'était avant. Il va falloir reconstruire avec des normes de sécurité antisismiques. Construire autrement. Les victimes doivent comprendre que plus rien ne sera comme avant, que tout a changé, mais que cela ne constitue pas une fin. Au contraire. Nous sommes portés à célébrer l'instant présent, le fameux *carpe diem*. Le cerveau recommence à se mouvoir dans le présent et le futur, en prenant un chemin de traverse. Parce qu'il ne s'agit pas d'effacer et de recommencer. C'est une sorte de mise à jour des applications sur un ordinateur. Pas une destruction de disque dur, mais une mise à jour. Il faut prendre de nouvelles habitudes, sans faire disparaître tous les repères. Par exemple, j'ai des amis qui ont réaménagé totalement leur appartement. L'un d'entre eux a fait refaire chacune de ses pièces par un de ses amis sans qu'ils se concertent... Tout a été changé. Cet acte a redonné de l'imaginaire à son appartement et donc nourri le présent. Ça leur a fait du bien. Mais cela reste le même appartement ! Tout en gardant quelques repères qui stabilisent et qui aident à progresser dans la vie.

Un conseil récurrent qui m'a été adressé a été le suivant : « Il faut partir en voyage. » J'ai essayé. Je suis allé loin. Ça ne m'a servi à rien :

le traumatisme était trop récent. Il m'a été plus angoissant de partir que de rester chez moi. Pour certaines personnalités, c'est pourtant possible. D'une certaine façon, en restant, on peut reconstruire de petites bases, des petits repères, ces fameuses petites bulles. Partir peut être un moyen de reconstruction, mais ça dépend de chacun.

Faire du souvenir sur du souvenir, c'est aussi retourner sur son lieu de travail. Après un cataclysme émerge la nécessité de retour à la vie. Le travail est un facteur extrêmement stabilisant pour ceux qui en ont un. Ceux qui n'en ont pas ont tout de même des habitudes. Tout le monde vit avec des habitudes. On se lève le matin; on se lave; on s'habille; on dit bonjour; on va boire un café ou un thé... Ces habitudes sont apaisantes, elles stabilisent le présent. *Mais* en aucun cas ça ne sera comme avant. Il suffira d'un signal pour que la mémoire traumatique revienne. Les habitudes de la vie quotidienne participent d'une obligation constructrice et les occupations comme le travail en font partie.

Je suis retourné travailler au Samu. J'ai la chance d'avoir un métier qui aide, qui est essentiel dans l'urgence. Dans les drames de la vie, je soigne les gens. Je fuis totalement les querelles de pouvoir, la vanité, la mégalomanie du monde médical. Mon travail se situe dans l'urgence. Il était crucial pour moi d'être utile, de continuer d'aider les autres. Il existe une grande part d'altérité dans la reconstruction. Le fait de devenir un autre en restant pourtant la même personne incarne la différence avec la résilience où ce principe de revenir à l'état antérieur n'est pas possible en raison du traumatisme.

Il faudrait mieux accompagner les victimes d'attentats dans le monde du travail et être tolérant avec eux. Certaines entreprises ont procédé à des aménagements pour que les victimes puissent reprendre leur poste. Après les attentats, des patrons ont accordé aux victimes des horaires plus souples, des congés supplémentaires, des mutations pour les conjoints des défunts, des salaires conservés... Certaines victimes sont allées faire autre chose ailleurs. Il n'y a pas de règle. Il faut aller là où l'on a le sentiment que ça va faire le plus de bien. Les entreprises doivent entreprendre ces aménagements pour les victimes d'attentats afin que le travail les aide à se reconstruire et ne soit pas un nouvel obstacle. Car les victimes sont souvent confrontées à de multiples problématiques en plus du drame : parcours de soins compliqué, accès au travail difficile, responsabilités familiales...

Quand on prend des souvenirs joyeux des endroits où l'on allait, il faut se dire : *La personne avec laquelle je venais là n'y viendra plus jamais, mais je vais y retourner pour marquer le présent. C'est très dur. Mais je sais qu'il faut que j'y retourne.*

Retourner là-bas, c'est un peu comme faire un pèlerinage – le mot « pèlerinage » est approprié car, en partant à la recherche de bons souvenirs, d'autres souvenirs vont revenir (une couleur, un bruit, une banquette, une odeur, surtout dans les restaurants) et rappeler un beau moment. Il ne faut pas les fuir, c'est formidable, il faut raviver la mémoire et laisser vagabonder son esprit à l'œuvre de l'imaginaire, permettre au présent d'envahir les lieux. Il faut y aller et se dire : ce lieu n'est plus un lieu de pèlerinage, c'est à nouveau un lieu de vie, où l'on n'a pas oublié, où il n'y a pas à culpabiliser de continuer à exister et à vivre, qui est devenu autre chose et où l'on peut reconstruire autre chose.

Tout ça est à la fois très compliqué et très intime. Il y a du bon et du mauvais. Continuer à habiter un appartement où l'on vivait avec une personne assassinée équivaut à vivre dans un « hôtel de souvenirs ». Se reconstruire dans cet « hôtel » est très difficile, mais cela fait partie du phénomène du deuil. Et l'un des signes qui montrent que le deuil a été absorbé et que, finalement, il est possible de reconstruire autre chose, sans oublier, est peut-être le projet de quitter cet endroit ou de le réaménager. Le déménagement ou le réaménagement est, de toute façon, inéluctable.

Dans tous les cas, il faut énormément de temps. C'est exactement comme l'érosion d'un élément qui n'appartient pas à la mer, un objet tombé dans l'eau que la mer érode progressivement. D'autres disent « résilience ». Mais nous ne sommes pas comme les objets à la mer, nous ne reviendrons jamais à l'état antérieur. Je préfère les mots de « reconstruction », de renaissance ou d'altérité. Il faut réussir à faire du drame des attentats, avec cette nécessaire reconstruction, comme dans tous les psychotraumatismes, un objet qui, dans son existence, devienne finalement quelque chose de normal, qu'on n'oubliera jamais. Que passent les blessures narcissiques, si chères à la théorie freudienne du traumatisme. Y a-t-il une esthétique de la reconstruction ? Très probablement. À partir du moment où la victime se crée des bulles, il doit y avoir de la douceur, de la volupté, de la beauté. La reconstruction ne peut être ni violente ni laide.

Comme je pratique le jogging, il m'arrivait fréquemment de courir avec Charb. À l'automne 2014, j'avais couru le Paris-Versailles. Charb en avait beaucoup ri en me demandant s'il existait une catégorie « obèses »... Nous avions décidé de faire le semi-marathon de Paris. Après l'attentat, j'ai arrêté de courir. Mais j'ai décidé de participer malgré tout à cette course sans lui. J'ai effectué une sorte de rituel : j'ai mis un tee-shirt avec un de ses dessins et les chaussures que j'avais lorsque je courais avec lui. Depuis, les courses à pied sont redevenues un sport, une détente, et le souvenir de mes courses d'antan, de bons souvenirs. J'ai réussi à me replacer dans la réalité et le présent sans être parasité par l'attentat.

Le souvenir existe, le lieu existe, mais c'est à nouveau un lieu agréable, avec une histoire différente sans oublier. Ma vie est devenue à la fois la nuit la plus noire et le soleil le plus éclatant. Ensemble, en même temps. Et désormais, je ne me sens plus coupable de survivre ou d'exister.

Ne pas se sentir coupable. Avancer dans la ville qui vous redresse. Ça tire vers le haut, vers là où l'on trouve de l'air, de la douceur, de la quiétude. Je cherche de l'air.

Je respire.

Je cherche de l'air et je le trouve si bon.

Table

MIXTE
Papier issu de sources responsables
FSC® C003309
www.fsc.org

Les papiers utilisés dans cet ouvrage
sont issus de forêts responsablement gérées.

Mis en pages par DV Arts Graphiques à La Rochelle
Imprimé en France par Normandie Roto Impression s.a.s., à Lonrai
Dépôt légal : mars 2017
N° d'édition : 5437 – N° d'impression : 1700694
ISBN 978-2-7491-5437-4